世紀を吹き抜けたページの風

明治　大正　昭和　平成話題の本　一〇五

Shiozawa Minobu

塩澤 実信

展望社

まえがき　――活字で辿る四代――

二十世紀は、明治三十四年を起点に、大正、昭和、平成と、四代――百年にわたる世紀であった。この間、昭和二十年（一九四五）の敗戦を境に、日本及び日本人を支えてきた史観や世界観は、占領軍の手でシャッフルされ、打って変わったものになった。

幕末から明治中期に生きた福澤諭吉の名言「一身にして二生を経たるごとく」を、ふたたびトレースしていた。さらに、瓦礫と化した敗戦直後から、高度成長をひた走ってバブル経済の崩壊へと至る半世紀も、二生の感懐を抱かせるほどであった。

世紀の節目に出版界は、挙げて激動の二十世紀の総括と、流れを顧みる出版企画に鎬《しのぎ》を削ったが、主だったものを列記すると次の通りであった。

『人物20世紀』（講談社）、『ＯＵＲ ＴＩＭＥＳ 20世紀』（角川書店）、『日本20世紀館』（小学館）、『20世紀、どんな時代だったか』（読売新聞社）、「朝日クロニクル　週刊20世紀」（朝日新聞社）、『20世紀の記憶』（毎日新聞社）、『20世紀』（集英社）……。

私は、十五年戦争の前年に生まれ、ものごころのつく基礎体験時代のすべてを、満州・上海・

支那事変・大平洋戦争とつづく、戦時下で過ごしていた。

それだけに、二生、三生を経た感の世紀を、何らかの形で検証してみたい気持ちが強かった。雑誌の編集者を経て、出版ジャーナリストを生業にした立場から、活字文化の森を逍遥し、樹皮に刻まれた話題にのこる事象を、スケッチしてみたかったのである。

幸運にも、その思いの前に転がり込んできたのが、朝日新聞社の「創刊１２０周年記念出版『週刊20世紀』からのコラム「活字の周辺」の連載依頼だった。

幸運なアプローチがあったのは、同社から刊行された『天皇の世紀――明治・大正・昭和』に、一九〇一年から一九九六年までの各年度ベストセラーを調べて、寄稿していた伏線があったからだった。

『週刊20世紀』は、第一期を敗戦の一九四五年からスタートして、バブル経済のはじけた一九八四年までの四十年間、第二期が明治三十四年の二〇世紀元年から、昭和十九年までの四十五年間。そして第三期が昭和六十年から、今世紀終焉の平成十二年までの十五年間に区分していた。

誌面構成と、特色を紹介してみると、朝日新聞社が、創刊以来百二十年間に蓄積した厖大な写真資料から、選りすぐった一万七千点の写真や、見やすい年表などを入れて、ビジュアルを重視した誌面を編集の眼目に、以下次の通りに構成されていた。

●全百冊で二十世紀百年を記録。十号ごとにテーマ編（計十冊・第一冊目の「スポーツの100年」）を刊行。各ジャンルで百年の歴史を通史的に辿る。
●百二十年間の取材網を誇る朝日新聞が総力をあげて編集。新聞報道から、人物、暮らし、風俗まで事件や出来事を紹介。
●〈綴じ込み付録〉創刊号には朝日新聞の二十世紀号外集がつく。
●A4判変形　四十四ページ（カラー二十ページ　二色二十四ページ）、毎週木曜日発売、定価五百六十円（税込み）。
創刊は、平成十一年の一月二十八日。

ベストセラーの運命

私の受けもつコラム「活字の周辺」は、各年度のベストセラーや創刊誌、出版史上に残る話題の出版物を、エピソード風に綴っていくわけだったが、毎号、とりあげる本や雑誌の表紙をカラー写真で添えることになっていた。

ところが、半世紀前に百万部に迫ったという超ベストセラー本や、戦後はじめて百万部を超えたマス・マガジンの現物が、古書店はむろんのこと、図書館にも見当たらなかった。

刊行元の出版社が存続していれば一冊程度は保存されているが、「ベストセラーを出した出版社は倒産する」のジンクスが罷り通る出版界——戦前と敗戦後の数年間にベストセラーを出した出版社の多くは、不運にも倒産していた。

各年度のベストセラー上位十点が発表され、記録にとどめられるようになったのは、昭和二十一（一九四六）年からだった。

参考のために、その年のベストセラーを並列してみると次の通りだった。

森　正蔵	『旋風二十年』	鱒書房
尾崎秀実	『愛情はふる星のごとく』	世界評論社
永井荷風	『腕くらべ』	新生社
三木　清	『哲学ノート』	河出書房
サルトル	『嘔吐』	青磁社
ヴェルデ	『完全なる結婚』	ふもと社
ジイド	『架空会見記』	鎌倉文庫
レマルク	『凱旋門』	板垣書店
河上　肇	『自叙伝』	世界評論社

夏目漱石　『夏目漱石全集』　桜菊書院

しかし、この十点を出した出版元は、ことごとく倒産、河出書房以外はすべて消滅していた。ただ一社、社名をのこす河出にしてからが、書房の後に「新社」を付ける形で、命脈を保っているに留まった。

この事実は、活字の周辺をベストセラーで追ってみると、数十万部も売れたという話題本が、跡かたもなく消滅していて、現物に容易にめぐり会えない苦労に結びついていた。

私は『ベストセラーの光と闇』『昭和ベストセラー世相史』など、何点かのベストセラーの周辺を辿った拙著を持っていたが、それらの本をまとめるに当たって、神田神保町を中心に、古書店を探り歩いたことがあった。

が、まともな古書店には、その種の本はほとんど並べられてなく、たとえあっても「一山いくら」といった雑本の山の中に、見るも無惨な姿で埋もれていた。

ある老舗の書店主は、往年のミリオンセラーの書名をあげて存否をただしたところ、

「そういう本は、場末で探したらいいでしょう。この町では、ベストセラー本などゴミですからね」

と、吐き棄てるように言われたものだった。

大量に捌《さば》けたベストセラーは（その内容を問わず）大量頒布されたがゆえに、価値が低く、古本市場では消滅する運命にあった。

——なんたるアイロニーであろうか。

『きけ　わだつみのこえ』の原点

一時代を画した話題の本やマス・マガジンが、大量に出されたが故に市場から消え、かつての愛読者の書架にも、蔵書としてほとんど残されていない——。

その皮肉な事実は、一九〇一年を起点に、年度ごとに紹介していく上で、きわめて困難な条件を強いられることになった。一等資料として、不可欠な現物がないことには、コラムをまとめようもないし、原稿に添加する該当する本の写真も撮れないわけである。

次善の策として、国会図書館で読み、または高価な復刻本を利用したり、雑誌関係なら厖大な雑書を誇る大宅文庫を活用する手があった。

残念ながら、戦後話題となった本の復刻本はなかった。一例をあげれば、いまや古典的な価値を高めている『きけ　わだつみのこえ』は、光文社文庫、岩波文庫で読むことができたが、東大出版会刊行のオリジナル本を入手するのは困難だった。

この本は、信州は飯田の豪商だった「板屋」の血をひく桜井恒次が、刊行に深いかかわりをもっていた。
遺稿集の「生き残ったものは何をすべきか――『きけ　わだつみの声』発刊のころの想い出」で、彼は次のように述懐している。

『きけ　わだつみの声』は戦後に編集刊行されたものであるが、あれがあのような形になる前に実は『はるかなる山河』（東大戦没学生の手記）、さらにその前には昭和十九年二月〜十二月の一カ年にわたって「帝国大学新聞」に連載されたという過程を経ているのである。

飯田中学から旧制水戸高を経て、東京帝国大学文学部へ入学した桜井は、東大に入学すると同時に、帝国大学新聞社の学生編集者となった。太平洋戦争が勃発した昭和十六年十二月、繰り上げで卒業して、金沢の輜重《しちょう》兵部隊に召集された。
「幸か不幸か、私だけが即日帰郷になった。この召集の頃からと思うが、東大、京大と官立、私立の大学の順で番号がつけられ私は一番だった。一番が欠けて四百余名が兵舎に残ったわけである。後日この部隊は北支からガダルカナルへ向かう途中、輸送船が撃沈されて全滅している」

という紙一重の差で、桜井恒次は帝国大学新聞社へ戻って、編集長兼常務理事をつとめることになったのである。

つづけて、次のように述べていた。

私は新聞を編集している同級生、先輩、後輩の戦死の悲報を聞くことが多くなった。私と一緒に金沢の部隊へ入った人びとの悲報も入って来た。時には編集部あてに、戦死された父兄から遺品となったノートや手紙類が送り届けられてきた。

桜井は「戦争という怪物の中に失われてゆく青春の戦いと苦悩の姿がにじみでた」それらの記録を、是非、学生はもとより、内地の知識人に知らせるべきだと考え、きびしい検閲の目をかいくぐって、比較的問題のないごく一部を本にまとめ、残りの大部分の手記は編集室に保存しておいたのである。

それが戦後に出版された『きけ　わだつみのこえ』のルーツとなる『はるかなる山河』だった。「活字の周辺」には、一九〇一年に出版された与謝野晶子の『みだれ髪』からスタートして、岩波書店の処女出版となった夏目漱石の『こころ』、大正期の大ベストセラー島田清次郎の『地上』、賀川豊彦の『死線を越えて』、戦前初めての百万雑誌「キング」、特高警察に虐殺されたプロレタリア作家小林多喜二の『蟹工船』、戦後に入って最初のミリオンセラー三百六十万部の『日米會話手帳』『きけ　わだつみのこえ』、新書ブームのきっかけとなった『女性に関する十二章』、文学作品が若者の風俗現象を生んだ石原慎太郎の『太陽の季節』、戦後初の百万雑誌「平凡」、出版社系週刊誌の嚆矢「週刊新潮」。さらには出版史上空前のベストセラー『窓ぎわのトットちゃん』、猟奇事件の阿部定が下敷きとなっている渡辺淳一の『失楽園』などを取り上げ、百年間の活字が演じたドラマを追っていた。

完結したのは二十世紀の終わる二〇〇〇（平成十二）年の暮れだったが、拙著の刊行する時期が大幅に遅れ、二〇一六年になったため、あらためて二十一世紀に入ってからの話題本の周辺をつけ加えることにした。

パソコンが書斎を占拠する時代になって、リテラシーの質も変わり、二十世紀の前半とは齟齬をきたしている感が否めないが、敢えて刊行することを許していただきたい。

蛇足ながら、タイトルの「ページの風」のいわれの説明をお許しいただきたい。

このフレーズは、往年の国民作家・吉川英治先生が言い出された言葉である。先生は新刊本を手にされると、かならずページを親ゆびでパラパラパラパラと弾《はじ》いて、読むに価するか否かの判断をされていたという。

内容のない本は、ページが起こす微風によって活字が吹き飛ばされてしまい、紙面に何も残されない……のたとえであった。

拙著は、日本に近現代出版が根づく二十世紀の黎明期から、二十一世紀の今日に至る各年代のページの風に耐えた話題の本、時代の鏡となった雑誌のゴシップ集成である。

世紀を吹き抜けた〝ページの風〟

――明治 大正 昭和 平成　話題の本一〇五――

＊

目次

第四章　百花繚乱の昭和戦後

第五章　出版ボーダレスの平成

第一章　吾輩は明治である

一九〇一年『みだれ髪』——時の道徳律に反旗をひるがえした歌集

二十世紀を活字で語る冒頭に、与謝野晶子の衝撃的な歌集『みだれ髪』でスタートするのは、波乱万丈に充ちたこの百年を、いかにも象徴しているようで面白い。

当時、結婚前の女性が、「春みじかし何の不滅のいのちぞと力ある乳を手にさぐらせぬ」などという官能的な短歌を、大胆に詠いあげたのは、想像を超えてあまりがあった。

この若々しいロマン精神が、因襲にとらわれた短歌に革新の息吹きを与え、ひいては女性解放をつげる暁鐘となったのである。

著者名・与謝野晶子を、衝撃的に世に知らしめた『みだれ髪』は、一九〇一（明治三十四）年八月十五日、鳳晶子の名によって出版された。

三六変型判紙装の斬新な歌集の発行元は東京新詩社で、装丁は藤島武二だった。巻頭でその意匠について、「表紙畫みだれ髪の輪廓は戀愛の矢のハートを射たるにて矢の根より吹き出でたる花は詩を意味せるなり」と解説していた。

新型歌集の人目を引くデザインにもまして、収録された三百九十九首の妖艶で奔放な、青春と恋の歌の数かずは、二十世紀の帳《とばり》を開く歌声を示唆していた。

　その子二十櫛にながるる黒髪のおごりの春のうつくしきかな
　やは肌のあつき血汐にふれも見でさびしからずや道を説く君
　人の子にかせしは罪かわがかひな白きは神になどゆずるべき

晶子は、妻帯の師・与謝野鉄幹を追って東京に出た。良妻賢母が女性のあるべき姿とされた時代にあって、妻帯者への積極的な思慕を歌った『みだれ髪』は、時の道徳律に真っ正面から反旗をひるがえす不倫本といえた。

歌集刊行当時、晶子は二十二歳。鉄幹の主宰する雑誌「明星」誌上に、新しく高い調子の短歌を発表して、歌壇の注目を浴びはじめていたが、社会的には無名に近い存在だった。

結果的には、数年後に鉄幹を妻から奪い、一九〇六年九月、三版刊行のおりには著者名も与謝野晶子と改められていた。

『みだれ髪』は、表現技法や用語の新鮮さにおいて、明治短歌史上画期的な歌集であった。九十余年後、〝第二の晶子〟といわれる俵万智は、『みだれ髪』を現代語訳して「櫛にながるる黒髪」を、「ロングヘアー」と訳していた。

一九〇二年　『病牀六尺』——病床にあって綴った日記風エッセイ

俳句の革新運動の旗振りであった正岡子規は、二十世紀のトバ口のこの年に死去している。わずか三十五年の生涯だった。日清戦争に従軍したが帰途吐血し、以後ほとんど病床にあって、文学活動に専念した。

前世紀末「ホトトギス」を創刊し、高浜虚子、河東碧梧桐らを育て、夏目漱石と交流するなど、明治の文学界に与えた影響は大きかった。漱石の小説家になる機縁となった『吾輩は猫である』は、「ホトトギス」誌上に発表されている。

『病牀六尺』は、正岡子規が逝去する二日前まで、百二十七回にわたって、「日本新聞」紙上に連載された日記風エッセイで、次のように書き出されている。

「病牀六尺。これが我世界である。しかも此六尺の病牀が余には広過ぎるのである。僅かに手を延ばして畳に触れる事はあるが、蒲団の外へまで足を延ばして体をくつろぐ事も出来ない。甚しい時は極端の苦痛に苦しめられて五分も一寸も体の動けない事もある。」

このような状態のなかで、俳句や絵、人生、宗教、教育、食い物など、病床六尺の限られた世界で、心に浮かんだことごとを、順序なく書きつづっていた。

この病床生活がいかに苦しみに充ちていたかは、ロンドンに留学中の漱石のもとへ、死の前年暮れに送った手紙に、次のように綴っていた。

僕ハモーダメニナツテシマツタ、毎日訳モナク号泣シテ居ルヤウナ次第ダ、ソレダカラ新聞雑誌ヘモ少シモ書カヌ。手紙ハ一切廃止。ソレダカラ御無沙汰シテスマヌ。今夜ハフト思ヒツイテ特別ニ手帋ヲカク。（中略）

僕ハ迚《トテ》モ君ニ再会スルコトハ出来ヌト思フ。万一出来タトシテモ其時ハ話モ出来ナクナッテルデアロー。実ハ生キテ井ルノガ苦シイノダ。（中略）書キタイコトハ多イガ苦シイカラ許シテクレ玉へ。

明治卅四年十一月六日燈下ニ書ス。

東京　子規拝

麻酔が効かなくなると。子規は激痛にのたうちまわり、「誰かこの苦を助けて呉れるものはないか。誰かこの苦を助けて呉れるものはあるまいか」と、『病牀六尺』に、傍点をつけて書いていた。

一九〇二（明治三十五）年九月十九日夜半、子規はひっそり死去するが、母八重子は三十五歳で逝ったわが子に「サァ、もういっぺん、痛いというておくれ」と泣き叫んでいた。

一九〇三年　「家庭の友」——羽仁もと子創刊の元祖的女性マガジン

世紀の黎明《れいめい》期、女性教育を支配したのは、〝良妻賢母主義〟であった。女の本分は家庭を守り、子どもを育てることを第一義とされていた。

男尊女卑の生活秩序が罷り通っていて、あきらかな性差別教育が行われていた。

「女性に教育をつけると婚期が遅れる」とか、「理窟を言うから嫁にもらいてがなくなる」との声が高かったのだ。

それ故、女性は理不尽にも活字に親しむことも禁じられた。


明治時代から平成までの四代にわたって発行されている女性誌に「婦人の友」がある。前身は、一九〇三（明治三十六）年に羽仁もと子・吉一夫妻が創刊した「家庭の友」であった。同誌は、羽仁夫妻が家庭をもち、日々の暮らしのなかで戸惑った体験が、創刊の動機となっていた。吉一は創刊号の冒頭で、「如何にして円満なる家庭をつくるべき乎、如何にして不健全なる家庭を改良すべき乎、これらの問題を解釈すせんがために、『家庭の友』は出でたり」と発刊の趣旨を述べていた。

創刊号は三十六ページ、定価五銭。表紙が目次を兼ねるという簡素さだった。内容は一世紀余を閲した今日でも通用するヴィヴィッドな問題を提起していた。

まず、自らの家庭生活の体験から、「如何にして家庭的交際を盛んならしむべき乎」という問題を提起して、当時の識見ある人々の答えを紹介、さらに「家事整理の要訣」「育児問答」「家庭料理」「化粧の話」「貯蓄経験談」など、簡潔のなかに要点をつかんだコツが、平易な言葉で書かれていた。

第二号には、「小児を幼稚園に託する可否」の特集を組み、二葉幼稚園の創立者の意見を掲載していた。これは「家庭の友」創刊の前日、もと子が長女・説子を出産し、働く婦人として子供を幼稚園にあずけるべきかどうかを、早くも考えていたからだった。

その説子は、「婦人の友」千号記念号が発刊された一九八七年七月、八十四歳で世を去った。「家庭の友」は、片々たる冊子でスタートしたが、日本における女性雑誌の原点に位置づけられる、元祖的マガジンであった。

「家庭の友」は、羽仁もと子の主導のもとに創刊されたわけだが、彼女は巌本善治の明治女学校に学びながら、「女学雑誌」の編集の手伝いをしたこともあり、その後、報知新聞に勤めて、日本最初の婦人記者になっていた。

もと子は、この報知新聞社で吉一と知り合い、当時としては最先端をいく〝職場結婚〟をしたことになる。すべての点で、時代に先んじていたのである。

一九〇四年　「君死にたまふことなかれ」──非戦の思い詠いあげた長編詩

国運を賭けて、世界最強の陸軍を擁するロシアと、満州で戦端を開いた年である。戦いの帰趨は、緒戦で軍港旅順を陥落させることにかかっていた。乃木希典第三軍に攻略の任務が与えられたが、拙劣な第三軍の銃剣を構えた突撃戦法は、堡塁からの敵の銃弾に、まるで将棋倒しのように倒される一方だった。旅順港を背後で守る二〇三高地は、機銃の前にさらされた日本兵の戦死者に埋めつくされ、鮮血が小川のように流れ下った。以降、太平洋戦争に至るまで、精神力で勝つといった日本軍の陋習は、この時に芽生えている。

あゝをとうとよ君を泣く　君死にたまふことなかれ…で始まる与謝野晶子の絶唱「君死にたまふこと勿れ」は、日露戦争下にあった一九〇四（明治三十七）年九月発行の雑誌「明星」夏季号に掲載された。

赤紙一枚で召集されたふたつ違いの弟の安否を気づかい、肉親の無事を願って、切々たる思いを詠った長編詩であった。

「旅順口包囲軍の中に在る弟を歎きて」と添書されているように、乃木希典大将の率いる第三軍が、旅順口包囲戦で拙劣な攻撃を繰り返して、一万六千人もの死傷者を出している最中の発表であった。

晶子は、「旅順の城はほろぶとも　ほろびずとても何事か」と、大胆な非戦の心情を吐露し、さらに「すめらみことは戦ひに　おほみづからは出でまさね」と、天皇自らは戦いに出てはいないと、不可侵の聖域にある天皇の行動にまで言及していた。

東洋の覇権をめざし、富国強兵策にひた走る当時、女性は直接に従軍することはなかったが、その代償として、夫や息子、兄弟をよろこんで戦場へ送り出す〝軍国の妻〟や母、姉妹になることを求められていた。

与謝野晶子はその大勢に背いて、弟に、死んではならないと説き、

――暖簾のかげに伏して泣く／あえかにわかき新妻を／君わするるや思へるや／十月も添はでわかれたる／少女ごころを思ひみよ／この世ひとりの君ならで／あゝまた誰をたのむべき／君死にたまふことなかれ――と、国の運命よりも、生命の大切さを詠いあげたのである。

彼女の言動は、婦人運動の大きな励ましになった。

非戦の思いを、日露戦争のさなかに謳った晶子だったが、彼女は「君死にたまふことなかれ」

を世に発表した三十数年後の一九四二（昭和十七）年五月二十九日、尿毒症で死去した。

その日は、太平洋戦争の勃発から半年後で、日本の連合艦隊が、極秘裡にミッドウェーに向かって出撃した日であった。

ミッドウェー海戦では、日本海軍の主力空母四隻が撃沈され、太平洋戦争の帰趨はここに定まったのである。

一九〇五年　『吾輩ハ猫デアル』――猫の目で人間社会を諷刺

夏目漱石の作家人生は十年余りであった。その第一作となったのが、中学教師珍野苦沙弥《くしゃみ》家に拾われた野良猫の語る『吾輩ハ猫デアル』であった。

猫の眼を借りて、人間生活の断面をユーモラスに描きながら、痛烈に文明社会を風刺する物語だった。彼が東京帝大の教授の職を投げ捨てて、三十九歳になって作家の道を選んだのは、「どの位自分が社会的分子となって、未来の青年の肉や血となって生存し得るかためしてみたい」の思いからだった。

『吾輩ハ猫デアル』は、夏目漱石が創作家となったスタートの小説だった。一九〇五（明治三十八）年、高浜虚子の主宰する「ホトトギス」に、十回にわたって連載したあと、三分冊の形で出版された。初版は、菊判・紙装角背、天金アンカット本、ジャケット付きの凝った装丁だった。

文語体が幅を利かせていた時代に、「吾輩は猫である。名前はまだ無い」という平易な口語体と、猫を主人公とした奇抜さがうけて、「ホトトギス」に連載した当初から、読者の反響しきりだった。

漱石は、単行本化にあたって、「自分が今迄『吾輩は猫である』を草しつゝあった際一面識もない人が時々書信又は絵葉書抔をわざわざ寄せて意外の褒辞を賜はった事がある。自分が書いたものが斯んな見ず知らずの人から同情を受けて居ると云う事を発見するのは非常に有難い。今出版の機を利用して是等の諸君に向って一言感謝の意を表する」と述べていた。

漱石は、イギリス留学から帰国後、一高と東京帝大で教鞭をとりながらも、学者として生涯を送るか、創作家として世に出ようかと、迷いに迷っていた。

意を決して後者を選ぶが、『吾輩ハ猫デアル』を執筆し始めた当初は、「趣向もなく、構造もなく、尾頭の心元なき海鼠の様な文章であるから、たとひ此一巻で消えてなくなった所で一向差し支へはない」と考えていた。

しかし、猫の目を通して、人間生活の断面を、痛烈な諷刺をきかせてユーモラスに描くうち、読者のたしかな手応えに強い自信を抱くにいたった。

漱石は三年後、朝日新聞社に三顧の礼をもって迎えられ、後顧の憂いない立場で、幾多の名作を書くことが可能になった。

漱石の生涯は、四十九歳と短かったが、作家として活動した期間は十年余りに過ぎず、この間に『坊ちゃん』『草枕』『三四郎』『それから』『門』『行人』『こころ』『道草』『明暗』と、旺盛な執筆力を示した。

文豪・夏目漱石の名声は、死後一世紀を超えても衰えず、名作は、次々と朝日新聞に連載され、全集はいまも岩波書店をはじめ各出版社から刊行されている。

一九〇六年『破戒』――肉親の死を乗り越えて「新興の精神」で

特殊部落、四つ、穢多などという言葉は、差別用語の最たるものである。

二十一世紀に入った現在でも、尾をひいているタブー語で、彼らは近世封建社会の身分制度の最下位におかれた賤民とされ、不当な差別を受けていた。

明治中期頃から、未解放部落民の目覚めた者の間から部落解放運動が起こっていたが、抑圧するムードが強く、自ら告白するケースはまずありえなかった。

そのタブーに挑んだのが、新体詩の旗振りから小説家に転じた島崎藤村だった。

自然主義文学運動の基点となる『破戒』は、一九〇六（明治三十九）年三月、緑蔭叢書の第一篇として、島崎藤村の手で自費出版された。破戒というタイトルが、内容を直喩しているように、未解放部落出身の小学校教師、瀬川丑松が、その出自ゆえに悩みぬいた末、「どんなことがあっても、出生の秘密を隠せ」といった父親の戒めを破り、新しい人生をめざすまでを描いた小説だった。

藤村は、生活上のあらゆるものを犠牲にして、『破戒』の書き下ろしに挑み、二年の歳月を費やしてこの長編を完成させるが、その間に三女縫子、次女孝子を失い、一九〇六年六月には長女緑をも失っている。

『破戒』執筆中の生活費と自費出版の資金は、信州小諸で知り合った神津猛と、函館市で手広く網問屋を営む妻フユの父で、実業家・秦慶治のふたりに頼ったのである。

藤村は『破戒』に、小説家としての後半の運命を賭けた。出版予告の広告文も自分で書いた。その一文には「この書は二年間の文学的労作により得たる新しき収穫なり・書中写すところは種々なる生活状態に触れて光景多様なりと雖も要するに鬱勃たる新興の精神を以て全篇を貫きたる・新裁まさに成らんとす請ふ清読を賜へ」と、並々ならぬ意気ごみを示していた。

『破戒』は評判を呼んで、初版千五百部はたちまち売り切れ、三カ月で四版を重ねるという、純文学の書き下ろしとしては希にみるベストセラーとなった。この成功により、島崎藤村は文壇に確固たる橋頭堡を築くが、三人の子女につづいて一九一〇年、妻フユも失う。姪こま子との「いきながらの地獄」となる『新生』の伏線は、ここに発していた。

娘と妻を犠牲にしたような形で、世に出た藤村は、このとき三十五歳であった。夏目漱石は、「明治の最初の小説」と激賞しているが、『破戒』は、日本文学最初の本格的な自然主義の小説だったことは間違いなかった。

しかし、作家としての盛名の陰に、幼い娘を次々と失い、妻にも先立たれて、壮年の身で幾多の男の苦しみに耐えざるをえなくなった。

だが、姪との不倫関係は告白小説体の『新生』に描くなど、その生きざまそのものが、破戒無慙であった。

一九〇七年『虞美人草《ぐびじんそう》』――漱石の朝日入社第一作

『吾輩ハ猫デアル』で遅れて文壇に登場した夏目漱石が、次のような「入社の辞」を、朝日新聞社に掲載したのは、一九〇七年(明治四十)の五月三日であった。

「大学を辞して朝日新聞社に入ったら、逢う人が皆驚いた顔をしている。中には何故だと聞くものがある。大決断だと褒めるものがある」

逢う人が皆びっくりするのは当然だった。

その頃の新聞記者は〝羽織ごろ〟と呼ばれるならずもの程度の評価でしかなかったからだった。

朝日新聞に入社した夏目漱石が、その年の六月二十三日から十月二十九日まで連載した小説が、『虞美人草』である。

虞美人草とはヒナゲシの別名で、中国の昔の武将項羽の愛姫の名前から流用されていた。漱石が第一作に初夏から、赤・白・桃色など四弁花を咲かせるヒナゲシを題名にした、小説のテーマにしたのは、虚飾の愛に生きる美貌と才気に生きる藤尾と、その対照的なタイプの誠実と献身の糸子と小夜子を配した、複雑な恋模様を描くことだった。

漱石は、通俗に流れやすい小説を、絢爛たる文体で描きながら、道義に背いた藤尾なる女を、恋の勝利者にはさせなかった。

それは、漱石の道義の哲学が許さなかったからで、彼はそのあたりを門下生の小宮豊隆宛の手紙で、次の通りに書いていた。

藤尾という女にそんな同情をもってはいけない。あれは嫌な女だ。詩的であるが大人しくない。徳義心が欠乏した女である。あいつを仕舞《しまい》に殺すのが一篇の主意である。うまく殺せなければ助けてやる。然し助かれば猶々《いよいよ》藤尾なるものは駄目な人間になる。最後に哲学をつけてやる。

読者には好評で、デパートから「虞美人草ゆかた」が発売された。

このように、大新聞に有名作家の小説が連載される嚆矢になったのが、夏目漱石の『虞美人草』だったといえる。

以降、漱石は、朝日新聞を発表の舞台に、日本の文学史に遺る名作を幾篇か書き、大正五年十二月九日夕刻、四十九歳で死去した。

絶筆は、その年の五月から「朝日新聞」に連載をはじめた『明暗』で、百八十八回を書き終わり、次の原稿用紙の右肩に、１８９と記した数字であった。

一九〇八年『あめりか物語』――荷風、帰朝と同時に出版す

明治末期、私費でアメリカ、ヨーロッパへ遊学するには、巨額な資金が必要だった。

森鷗外や夏目漱石は、官費のエリート留学であった。

永井荷風は、一九〇三（明治三十六）年九月に横浜港からアメリカへ発っているが、その資金となったのは、内務省退官後、日本郵船に在籍していた裕福な父の資産だった。それのみか、息子を案じて、父は働き口まで配慮をしてくれたのである。彼は二十四歳から二十九歳まで、欧米生活を満喫している。

その荷風のアメリカ滞在中の作品二十一編に、滞仏中のもの三編を加えて、一九〇八（明治四十一）年八月博文館から出版して、一躍注目を集めたのが『あめりか物語』であった。

旅行記と短編小説をミックスした体の作品だった。外

遊する前に二十歳で落語家朝寝坊むらくに弟子入りをしたり、歌舞伎作者を目指して、福地桜痴の門下に入り、拍子木打ちの修業をして、江戸文化を身につけているだけに、アメリカ、フランスで接した異国の文化は、荷風に少なからざるカルチャーショックを与えた。

荷風は、シアトルに上陸して、ニューヨーク出帆までの間に体験した日本との空気の差。強力な文化の違和感。そして邦人のこの国での暮らしぶりを清新な視点で綴ったが、その独自な文体と鋭い批評精神に充ちた作品は、耽美派の源流となり、谷崎潤一郎、佐藤春夫らを挑発せずにはおかなかった。

明治中期に、私費で五年にわたりアメリカ、フランスに外遊した荷風は、欧米の徹底した個人主義を学んだ。帰国後、自然主義全盛の文壇に耽美の流れを導入。谷崎潤一郎、久保田万太郎、佐藤春夫の先導者になった。

しかし、荷風は、谷崎とは交流をもったものの、佐藤春夫、小島政二郎ら、彼を畏敬する作家を遠ざけ、大正、昭和時代に入ると江戸戯作者のポーズをとって、花柳界や娼婦の世界に沈殿した。

戦後は、市川の陋屋《ろうおく》に独居生活をし、毎日のように浅草に通い、ストリップ小屋の踊り子たちと親しんでいた。

一九五二（昭和二十七）年、文化勲章。五四年には芸術院会員に選ばれたが、荷風の孤独と嫌人癖はつのる一方であった。

一九五九（昭和三十四）年四月三十日に、陋屋で孤独死。文化勲章受章作家は、ヨレヨレの背広を着たまま、万年布団から半身を乗り出すようにして、吐血しこと切れていた。

一九〇九年 『田舎教師』――無名の青年の生涯を丹念に織りあげる

出版界の計量・形骸できるすべての面で〝日本一〟を志した野間清治が、大日本雄弁会を創業した年である。翌一九一〇年「雄弁」を創刊。一一年に講談社を創設し、講談が低俗ながら伝統がなく流布のひろい娯楽であるのに着眼して、それに新しい魂をふきこみ読物にした「講談倶楽部」を創刊。以降、婦人、少女、少年、面白などに倶楽部を結びつけて九大雑誌を発行。戦前、〝雑誌王国〟を僭称するまでになった。

島崎藤村の『破戒』とともに、自然主義文学の代表作となったのは、田山花袋の『蒲団』だった。僚友の藤村に刺激されて、一九〇七（明治四十）年に発表されたが、花袋は現実を客観的に、少しの粉飾も加えず、ありのままに描いて、読書界に異常な衝撃を与えた。

『田舎教師』は、この『蒲団』刊行の二年後、〇九年に、書き下ろし小説として出版され、自然主義文学のモットーとする平面描写に徹したリアリズムで、明治期文学の代表作となった。

花袋の文壇生活を回顧した『東京の三十年』によると、『田舎教師』にはモデルがあった。日露戦争に従軍して帰国した花袋が、義兄を埼玉県羽生の寺に訪ねたところ、

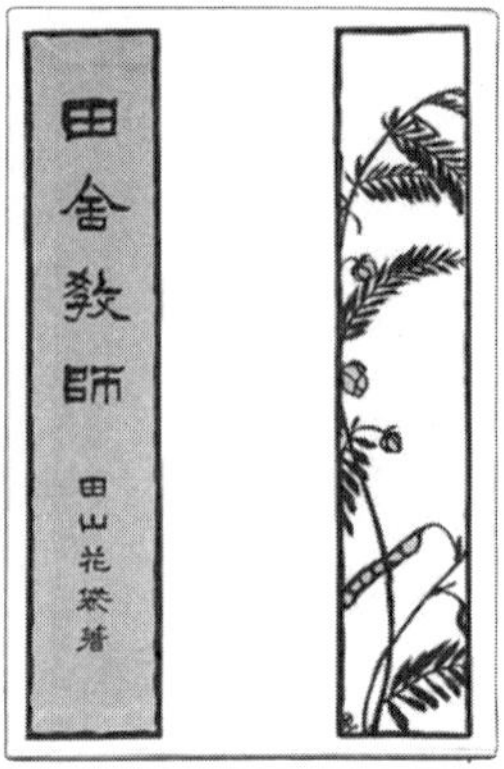

そこの墓所に「小林秀三之墓」という新しい墓が建っていた。花袋は、この青年に生前、寺で一、二度会ったことがあった。

「私は青年―明治三十四、五年から七、八年代の日本の青年を調べて書いて見やうと思った。そして、これを日本の世界発展の光栄ある日に結びつけやうと思い立った」

青年はこまかに記した日記を残していた。花袋は、その日記をもとに、伝聞を拾い、取材を重ねて、故人と一体となった気持ちで執筆にかかったのである。

有為な才能を持ちながら、貧しい家の犠牲となり、中学校を終えると近隣の小学校の代用教員となって、空しく田舎に朽ち果てる。その短い生涯を、青年のうっ屈した心情を縦糸に、関東平野の風景と日露戦争前後の時代相を横糸に、丹念に織りあげたのである。

富国強兵にひた走る明治三十年代—恋も希望も、貧乏ゆえに諦めざるをえなかった無名の青年の、はかない生涯が見事に書きとめられていた。

『田舎教師』の背景になる時代は、日露戦争までの数年間で、日本は東洋の覇者になる域にまで高揚していた。

この国家の隆盛と光栄に向かっている時期に、志を抱きながら、名もなく貧しい田舎教師として、人生を終える青年のうっ屈した心情を、花袋はセンチメンタルに描いたのである。

横光利一、川端康成ら、後年に名を成す作家は、『田舎教師』を手に、小説の舞台となった利根川べりをさまよったという。

一九一〇年 『一握の砂』——啄木の不朽の名作

その生前は借金漬けで、家族のすべてが肺結核におかされ、暮しの窮状とそれによる不和で、老父はいたたまれずに家出をしたのが、石川啄木の一家だった。

一九一二(明治四十五)年元旦、啄木は老母と妻節子に

「元旦だというのに笑い声一つしないのは、おれの家ばかりだろうな」と言った。

夏目漱石夫人鏡子が、啄木一家の窮状を知り、森田草平に十円の見舞金を届けさせたのが、一月二十一日だった（白米十キロが百六十銭程度でで買えた時代）。

二十七歳の若さで早逝した石川啄木の処女歌集『一握の砂』が世に出たのは、その死に先だつ五カ月前の一九一〇（明治四十三）年十二月一日である。

五章よりなり、総歌数は五百五十一首で、

第一章は「われを愛する歌」百五十一首。

第二章は中学生時代を回顧した「煙」四十七首と、故郷の渋民村を詠んだ五十四首。

第三章の「秋風のこころよさ」五十一首は、友人金田一京助と、本郷の下宿蓋平館に移転した直後の作。

第四章の「忘れがたき人々」は、北海道曾遊の思い出百十一首と、函館の弥生小学校代用教員時代の女教師を詠んだ相聞歌二十二首。

第五章の「手套を脱ぐ時」百十五首は都会生活の哀歓を詠ったものだった。

最初に発表された時には一行だったものを、歌集に収録するときに三行に改めていた。

東海の小島の磯の白砂に
われ泣きぬれて
蟹とたわむる

借金まみれの生活で、勤め先の朝日新聞社の同僚たちが集めた三十四円四十銭の見舞金、親友金田一京助が、自らの生活費から醵金《きょきん》した十円などが、死の床にある啄木一家の三カ月間の生活の拠りどころだった。

『人間臨終図巻』をまとめた山田風太郎は、「――死後、日本の若者たちが『啄木歌集』に献げた印税の百万分の一でも生前に恵んでくれたら、と啄木の亡魂は歯がみしているにちがいない」と長嘆息している。

啄木は、死後に名を知られ、詩集『あこがれ』『呼子と口笛』、歌集『一握の砂』『悲しき玩具』などが売れつづけることになった。

あふれるほどの才能は認めながらも、世に受け入れられなかったのは、正規の学歴を身につけなかったからだった。名門の盛岡中学校に抜群の成績で入学したものの、上級学年に進むにつれ、文学と恋愛に溺れて学業をおざなりにしたことが、挫折の原因だった。

一九一一年『元始、女性は太陽であった』——高らかに封建道徳との訣別を宣言

「婦人にたいする封建的思想への、文芸を通じての意識的、無意識的反抗」から、すべてが女の手でつくられた雑誌「青鞜」が創刊された。

まさに画期的な快挙といえた。その創刊号に、与謝野晶子は「山の動く日来る」との高揚した詩を掲げている。

当然、揶揄と非難の批判が殺到したが、同誌は批判を梃に伸び、定価二十五銭の千部からスタートして、絶頂期には三千部に達した。

識字率が低かった明治末期に、これだけの読者をつかんだのは驚嘆に価した。

女流文芸雑誌「青鞜」の巻頭は、創刊者・平塚らいてうのめざましい言挙げ「元始、女性は太陽であった」の一行からはじまっていた。女流文学の発展を図り、同人各自の天賦の才を発揮させ、他日女流の天才を送り出すことを目的とした雑誌だった。

一九一一（明治四十四）年九月一日に創刊され、一六年二月までの五年足らずの寿命だった

が、「青鞜」が「新しい女」を目覚めさせ、タブーであった封建道徳に公然と反旗をひるがえらせた意味は大きかった。

誌名の「青鞜」からして、「女らしからぬ」命名だった。十八世紀の英国のサロンで、芸術や科学を論じ、女権を声高く唱えた新しい女性たちが、黒い靴下が常識とされた当時、青い靴下をはいていた故事に倣ったものだった。「blue stocking」と、嘲笑的に用いられていたものを、平塚らいてうに文芸を講じた生田長江のすすめで、誌名とした。女が言挙げすれば世間がうるさいだろうと、先手を打ったのである。

参加者には、田村俊子、長谷川時雨、岡田八千代、与謝野晶子、岡本かの子、伊藤野枝、神近市子、山田わかといった、当代女流のそうそうたる面々が、顔をそろえていた。

表紙は後の高村光太郎夫人、長沼智恵子が制作していた。

女流文芸の発展を願っての創刊だったが、文学上の成果には乏しく、次第に女性問題へとカーブをきり、社会評論誌の色合いを強めていった。

女の経済的な自立、貞操、堕胎、売春など、ラジカルな問題が大胆に提起されて、良妻賢母が理想とされた時代に、女性自らが異議を唱え、女権拡張を志した意義は高く評価されて然るべきだった。

平塚らいてうは、生涯を婦人運動の先覚者としてつくし、生涯、女性の地位向上に奔走した。

その一つは、大正三年、奥村博史と家族制度を否定し、法律上の結婚ではない共同生活に入ったこと。

その二は、第一次世界大戦後の社会運動、労働運動の勃興期に、市川房枝、奥むめおらと婦人参政権運動を。第二次大戦後は、世界連邦主義に立って平和運動を行ったことなどである。

第二章　大正・雑誌文化の台頭

一九一二年　『土』――貧農一家の生活を精緻に描く

朝日新聞の文芸担当となった夏目漱石は、『虞美人草』を手はじめに『坑夫』『夢十夜』『三四郎』『それから』『門』と、新聞連載を書き継いでゆくが、その一方で泉鏡花に『白鷺』、長塚節に『土』、中勘助に『銀の匙』と、それぞれの代表作に位置づけられる傑作を書かせていた。子規の門下長塚節に着眼した漱石の慧眼は、さすがであった。『土』の舞台となる農村生活は、漱石には想像に余る獣類に近い醜悪な暮しに見えたようだが、「余の娘が年頃になったら、是非この『土』を読ましたいと思っている」と述べていた。

農民文学の傑作『土』は、漱石の推薦で東京朝日新聞に連載され、一九一二（明治四十五）年五月、春陽堂から出版された。

長塚節の唯一の長編小説である。

正岡子規の門下として、冴えと品位のある短歌を発表していた生活詩人・長塚節に、「無名作家の方がかえっていい作品を書く」と、小説執筆をすすめたのは、漱石だった。

節は「任が重すぎる」と、いったんは断ったが、重ねての依頼に感激して引き受け、「私の様な無学の者は、ただ真面目に骨を折るより外はない」と、地をはうような努力と、精緻な写生描写に徹した農民小説を書いたのだった。

「烈しい西風が目に見えぬ大きな塊をごうっと打ちつけては又ごうっと打ちつけて皆痩せこけた落葉木の林を一日苛め通した」

百五十一回にわたる長編『土』の書き出しは、この重く手堅い田園風景の描写からはじまっていた。鬼怒川のほとりに住む貧農勘次一家の、この陰惨な生活風景は、当初、朝日新聞の読者には不評だった。

これというプロットもなく、堕胎に失敗した妻に先だたれた勘次の休みない労働と、悲惨な生活の描写が延々と続き、そのため『土』は、息苦しいまでに暗鬱な小説となっていたのだ。

しかし、漱石は「土の上に生み付けられて、土と共に生長した蛆同様に憐れな百姓の生活」を精細に直叙する長塚節を高く評価し、一冊の本にまとまると「かかる生活をしてゐる人々が我我と同時代にしかも都から程遠からぬ地にゐるという事実が我々に何物かを与へ、そこから人を暖める真実の菩提心が生まれる。その意味で『土』は尊い」と、序文で賞賛の言葉を惜しまなかった。文豪漱石は、まがうかたない日本農民文学の発掘者であった。

一九一三年『阿部一族』――名作執筆の裏側

一九一二（明治四十五）年、明治天皇の死を追った陸軍大将乃木希典夫妻の殉死は、社会に大きな衝撃を与えた。

忠誠心を称賛する一方で、封建の遺風に殉じた時代錯誤者、〝犬死〟という屈辱的な批判に到る褒貶《ほうへん》が渦を巻いた。

陸軍軍医総監まで栄進し、乃木のことをよく知る森鷗外は、その日記に次の通りに記した。

「大正元年九月十三日。轜車《じゅしゃ》に扈随《こずい》して宮城より青山に至る。（中略）翌日午前二時青山をいでて帰る。途上乃木希典夫妻の死を説くものあり。予半信半疑す。」

森鷗外の日記は、「予半信半疑す。」の五日後に、「九月十八日。午後乃木大将希典の葬を送りて青山斎場に至る。興津弥五右衛門を草して中央公論に寄す」と記述していた。

この日記から推して、文豪は乃木の殉死に想を得て、多忙な三、四日間に、初の歴史小説『興津弥五右衛門の遺書』を一気呵成に書き上げていたことになろう。

鷗外は、『興津弥五右衛門の遺書』で、一片の恩義が人を死なすことを描いて、封建道徳を肯定的に賛美したのに対し、その翌年に発表した『阿部一族』では、批判の側に立っていた。後者の筋書は次の通りだった。

肥後藩主細川忠利の死後、側近として仕えた阿部弥一右衛門は殉死を許されなかった。ところが、家中の口はうるさいため、ついに追腹を切った。しかし藩は、殉死した阿部一族の遺族に対して経済的な配慮を示さなかった。藩主の冷遇にあって、阿部一族への侮蔑がますます強まったため、跡を継いだ権兵衛は、先君の一周忌にマゲを切って位牌の前に供え、武士を捨てようとしたが、非礼をとがめられて縛り首にされた。

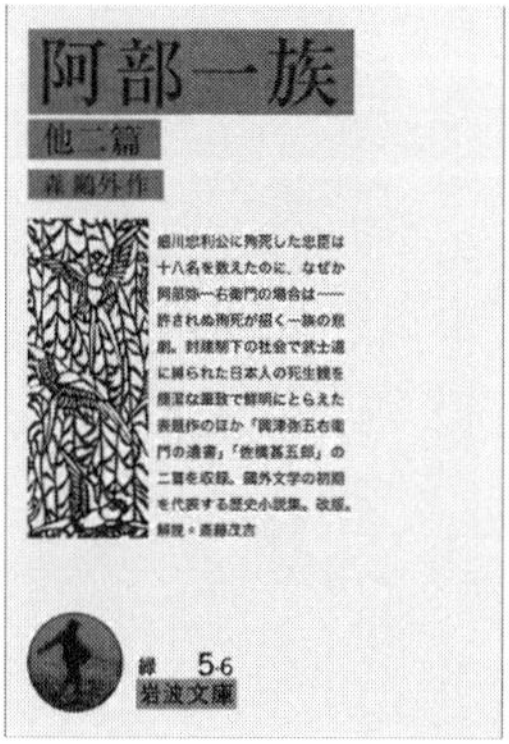

次男弥五兵衛、三男市太夫ら残された一族は、叛旗をひるがえして屋敷に立てこもり、藩の討っ手と戦って全員壮烈な死をとげるに至った。

鷗外は、乃木希典の殉死に想を得て、歴史小説に材をとった形で『興津弥五右衛門の遺書』と『阿部一族』の名作を書いた九年後の一九二二（大正十一）年七月九日、親友の賀古鶴所《かこつるど》に遺言を託して、萎縮腎および肺結核で死去した。

遺書には「……死ハ一切ヲ打チ切ル重大事件ナリ奈何《いか》ナル官憲威力ト雖《いえども》此ニ反抗スル事ヲ得ズト信ズ余ハ石見《いわみ》人森林太郎トシテ死セント欲ス」と、記させていた。死後に贈られるであろう栄誉を拒否したふしぎな遺書は、生前、鷗外の望む地位、名誉を与えなかった陸軍の長州閥への呪詛だとの説があった。

一九一四年『こゝろ』――明治の知識人の姿を剔出した傑作

前にも触れているが、夏目漱石は、明治四十年に朝日新聞社の池辺三山に招かれ、東京帝大講師から小説記者として、朝日新聞に転職している。

部長より多額な二百円の高給だった。入社第一作の小説『虞美人草』は評判を呼び、以降、『坑夫』『それから』『門』『行人』などを朝日紙上に発表し、漱石作品は朝日の売り物になった。

大正期に入って、彼の代表作の一つ『心』（連載時タイトル）を百十回連載した。

『こゝろ』は、一九一四（大正三）年四月二十日から八月十一日まで、百十回にわたって朝日新聞に連載され、同年九月に岩波書店から自費出版された。

岩波茂雄が創業した同社の処女出版となったわけで、引く手あまたの文豪の作品を刊行できたのは、岩波の誠実で直情な人柄が愛されたからだった。

漱石は、石鼓文を表紙のデザインにしたほか、箱、見返し、扉、奥付け、題字、検印までのすべてを、自らの手で装丁していた。没後刊行された岩波書店の『漱石全集』の装丁は文豪の自装『こゝろ』に依っている。

作品は「先生と私」「両親と私」「先生の遺書」の三篇から成っていて、学生である私が、鎌倉の海岸で偶然「先生」と知り合い、先生の魅力に引かれて、たびたび先生の家を訪ねるようになる。

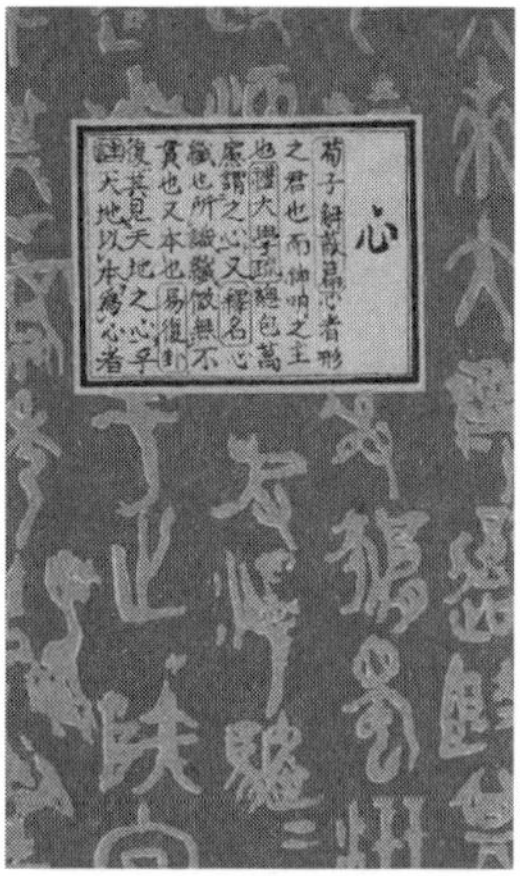

先生と夫人は仲のいい夫婦に見えるが、どこかさみしい陰がある。ある日私は、夫人から「自分は先生から嫌われて」おり、先生がそんな風になったのは、先生の友人が自殺した時からだと聞く。
一方、先生は私を信じられる人間だと見抜いて、いつかその過去を話すと約束してくれる。

過去のすべてを綴った先生の遺書が私の手元に届くのは、大学を卒業して両親のところへ帰省していた折だった。その遺書により、先生の心の秘密が解明されていくが、そこにはエゴイズムによる人生苦と人間悪に苦しみ、もがき、自己不信の立場に至るまでの心的経過が述べられていた。

『こゝろ』は、作者自らの心の内部に照らして、苦悩する明治の知識人の姿を理知的な文体で剔出したもので、漱石文学の頂点を示していた。

漱石の最高傑作『こころ』は、岩波書店の処女出版として刊行の一世紀後、二〇一四年朝日新聞紙上にふたたび連載された。

同一作品が、二度にわたって同じ新聞紙上に連載されたのは、夏目漱石の作品が初めてだったろう。百年経っても、読むに耐える文体は古典の位置づけをえた証左であった。

一九一五年　『羅生門』――鬼才芥川龍之介、初期の傑作

大正文壇の鬼才・芥川龍之介は、第四次「新思潮」創刊号に『鼻』を発表し、師と仰ぐ夏目漱石から「大変面白いと思います」「文章が要領を得て能く整ってゐます」云々の激賞を受けたことで、新進作家としての地歩を固めた。

初期の歴史小説は『今昔物語』などからテーマを拾った王朝物であった。『鼻』を手はじめに、『羅生門』『芋粥』『藪の中』『地獄変』などがこの系統だが、戦後黒澤明監督のメガホンで映画化された『羅生門』は、『藪の中』とのミックスされたストーリィだった。

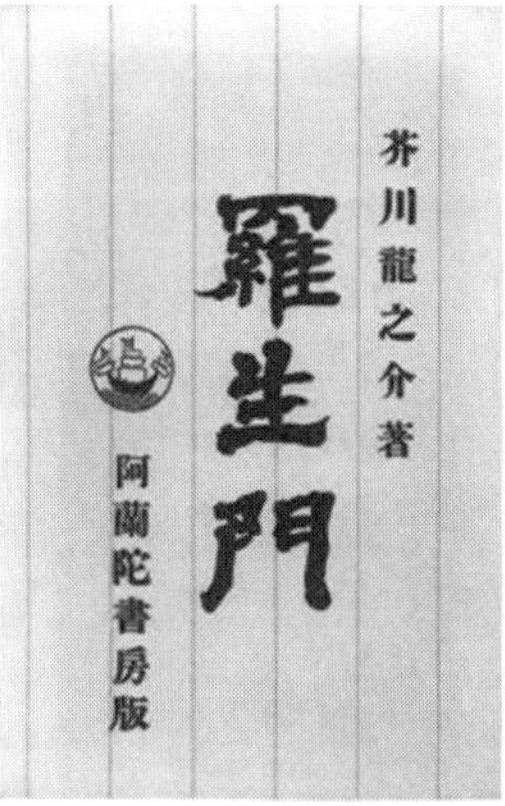

黒澤明のヴェネチア国際映画祭グランプリ受賞作の『羅生門』で知られた作品になっているが、『羅生門』は芥川龍之介の書いた最初の傑作だった。

本格的に創作活動をはじめる前の習作期に書かれた

ものでで、発表当時はほとんど世評を呼ばなかった。

題材となったのは、『今昔物語』巻二十九所収の「羅城門登★上層★見★死人★盗人語第十八」で、過去に時代を設定しながら、登場人物の行動と心理は現代人に通じる生存の、ぎりぎりの葛藤を描いていた。

時代は平安朝の末、主家を追われて職を失った下人が、生きるためには盗人になるより仕方がないと思い悩み、荒れはてた羅生門の下で雨やどりをしていた。

楼の上は死人の捨て場になっていて、下人はその屍骸の間で一夜の宿をの思いで登って行くと、一人の猿のような老婆が、屍骸の長い髪の毛を一本ずつ抜いていた。

下人は、老婆の不審な動作に、思わず誰何《すいか》するが、「この髪を抜いてな、この女の髪を抜いてな、鬘《かつら》にせうと思うたのぢゃ」の理由を聞くや
「では、己が引剥《ひはぎ》をしようと恨むまいな。己もそうしなければ、餓死をする体なのだ」

と言って、老婆の着物を剥ぎとり、雨を冒して京都の町へ強盗を働きに飛び出していく。

『羅生門』は阿蘭陀書房から一九一七（大正六）年五月二十三日に発行されたが、この中には芥川の初期の短編がほぼ収録されていた。

羅生門、花、父、猿、孤独地獄、運、手巾、尾形了斉覚え書、虱、酒蟲、煙管、貉、忠義、芋粥の十四篇だった。

羅生門、貉、忠義を除いて、他は数え年にして二十五歳のときに書いたものだと伝えられ、二〇一六年のいまから見れば、ほぼ百年前の創作がほとんどだったと考えられる。

いま、読むに耐える作品は、この中の何篇だろうか。

一九一六年『雁』――拵えものの小説で反自然主義の姿勢を具象化

森鷗外の〝豊熟の時代〟は、一九〇七（明治四十）年、軍医として最高位・陸軍軍医総監に任ぜられた年から、一九一六（大正五）年間であろう。

この間、『青年』『妄想』『雁』など、現代に題材をとった作品を完成させ、『阿部一族』『澀江《しぶえ》抽斎』などの歴史、史伝ものの対岸に立つ見事な小説も書いていた。

昭和の戦後、高峰秀子主演で映画化された『雁』は、女ごころを心憎いまでに描いていて、明治・大正期に双璧を成した夏目漱石を凌いだ感があった。

森鷗外は軍医として位を極め、陸軍軍医総監になっていた。その間に翻訳、創作活動で文名を上げるが、『雁』はその軍医総監時代に書かれた小説だった。

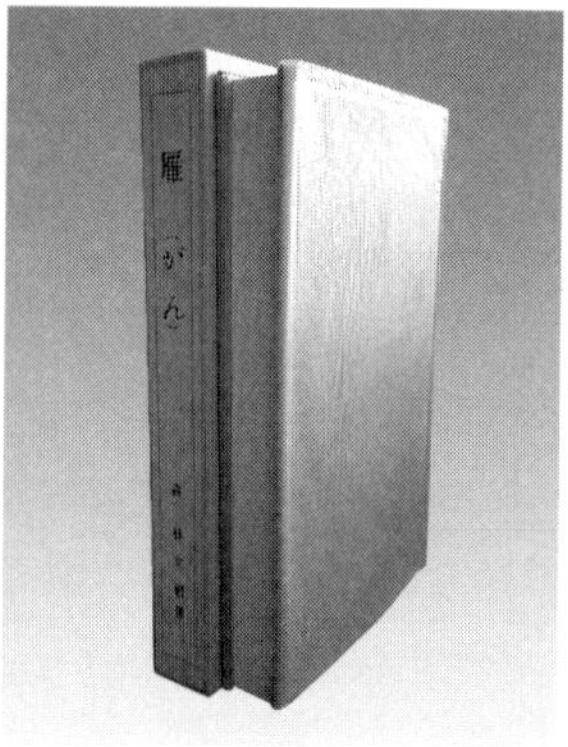

鷗外は、文壇をにぎわせた自然主義の文学運動に反対の立場をとり、「明星」派の系統を引く同志らと「スバル」を発刊して、創作により反自然主義の姿勢を具象化させた。『ヰタ・セクスアリス』『青年』『雁』などが、その所産であった。自然主義文学の信奉者は「拵えものの人生ではないものを味わせる」と主張していたが、『雁』は不可測の偶然が重なり、医科大学生の岡田と、東京大学裏の無縁坂の妾宅に囲われたお玉との、はかない恋が消えてしまうという拵えもののストーリー展開となっていた。

小説の主人公・岡田とお玉が知り合うきっかけは、散歩のコースの無縁板に、お玉の妾宅があったからだった。散歩のたびに顔を合わせることが重なって、互いに好意を抱くようになるが、ある日、お玉の家の軒先に吊るした鳥かごを襲ったヘビを、通りかかった岡田が殺してやり、ふたりは初めて口をきいた。

思慕をつのらせたお玉は、思いを告げるべく岡田を待つが、岡田はその日友人と一緒だったため、最後の機会を失った。岡田は急なドイツ留学のため翌日には本郷の下宿を引き払うことになっていたからだ。岡田はこの日、不忍池のほとりで石を投げ、一羽の雁を殺して持ち帰る途中だった。

小説の題名は、そこから付けている。

ところで、『雁』は、森林太郎の本名で書かれている。彼は、鷗外のペンネームを好まず、明治三十年以後は使用していなかった。

彼は、ペンネームの記録保持者(?)で、観潮楼主人、参木之舎、妾人、ゆめみるひと、腰弁当、S・S・S 無名氏、漁史氏、独酔庵主人、ドクトルニルワナ、千八、癡人、発行人某など七十余を、折にふれ使った。

子供たちのには、外人のような名前、於菟《おと》、茉莉《まり》、不律《ふりつ》、杏奴《あんぬ》、類《るい》と付けていた。

一九一七年 「主婦之友」――オカミサンに知識と実用情報を

家庭の主婦を象徴する「割烹着《かっぽうぎ》」が、羽仁もと子の「婦人の友」で考案され、普及が始まった翌年から、この年にかけての三年間に、女性の地位の向上と、生活の便法を標榜した婦人雑誌が相ついで創刊された。

一九一六(大正五)年、中央公論社から「婦人公論」、一七年には〝カッポウギ〟と共に歩む「主

婦之友」が、石川武美の手で誕生した。彼は生涯、この一誌に心血を注ぐが、石川の元で鍛え抜かれた本郷保雄は、「人事を尽し、祈りの精神で雑誌づくりをする」をモットーとしていた。

雑誌「主婦之友」を創刊した石川武美は、宗教の伝道者のような強い信念と、カリスマ性をもった出版人だった。「婦女界」の営業・編集生活十年を経て、主婦之友社を創業するが、処女出版は自らが書き下ろした『貯金の出来る生活法』で、その本の売り上げで「主婦之友」の創刊資金を生み出している。

第一次世界大戦下の一九一七（大正六）年に独力で婦人誌の創刊を思い立ったのは、当時の女性が小学校六年を終えると、活字とは縁のない生活に入ってしまう、まして家庭の主婦となると勉強の機会がなくなる境遇になってしまう、という現実があったからだった。

石川は恵まれない家庭の主婦たちに、なんとしても知ってもらわねばならない日常の知識を中心に据え、実用に役立つ雑誌をつくりだそうと考えた。誌名を「主婦之友」と決めるが、当時、主婦とは糠味噌臭いオカミさんと同義語だった。

当然、その誌名には、批判の声が高かった。しかし、石川は「恵まれない立場のヌカミソくさい主婦にこそ勉強してもらい、教えるための雑誌をつくるのだ」と動じるところがなかった。

彼の志は、創刊号の目次に、じつに見事に示されていた。

「夫の意気地なしを嘆く妻へ」新渡戸稲造、

「十五人家族の主婦としての私の日常」安部磯雄夫人こまを、

「お金を上手に遣う五つの秘訣」

「必ず癒る胃腸病の家庭療法」

「女子供にも出来る有利な副業」……。

同誌は実益型婦人総合誌として戦前戦後を走りつづけ、この型の婦人誌として最後まで孤塁を守ったことは記憶に新しい。

一九一八年 『無名作家の日記』――リアリスト・菊池寛の一人称小説

ロシア革命に便乗し、居留民保護を名目にシベリア出兵した年であった。世界大戦によって物価が高騰し、特に米価は三・五倍近く上ったため、全国的な大暴動が起り軍隊が出動するまでになった。

童話童謡雑誌「赤い鳥」が創刊され、北原白秋、西条八十、野口雨情などが、芸術味豊かな子どもの歌を、同誌上に続々発表しはじめた。昭和戦前の文壇を牛耳る菊池寛が『無名作家の日記』で、ようやく知られた存在になった。

瀧田樗陰に率いられた中央公論は、明治から大正にかけて文壇への登竜門と言われていた。その中央公論の七月号に掲載されたのが、菊池寛の『無名作家の日記』であった。

文学仲間から離れて、京都の大学に入った富井は、すぐれた才能をもつ山野や桑田が同人雑誌をはじめたと知って、焦燥感に苛まれていた。

その富井に、山野から水準以上の原稿なら掲載すると言って来たので、中田博士にあずけてあった原稿を送ったが、同人一同の意見として掲載は見あわせると断り状を受け、罠《わな》にかけられたと、激しく山野を憎んだ。

山野は高名な批評家に認められ、新進作家として脚光を浴びるが、無名作家の富井は学校を出たら田舎教師でもして、安住生活を送ろうと考える……。

日記体の一人称小説で、菊池は富井、芥川龍之介は山野、久米正雄が桑田、中田博士が上田敏とわかる体になっていた。

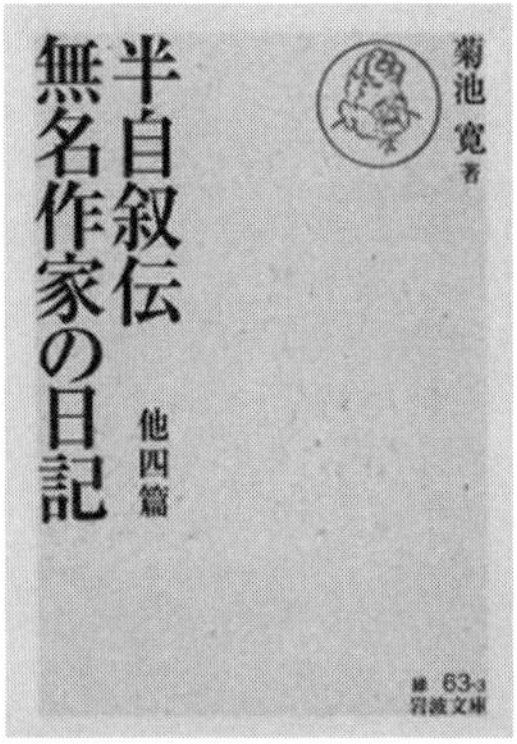

菊池寛は、大正三年二月、東京で第三次「新思潮」が創刊されたとき、草田杜太郎や菊池比呂士のペンネームで『鉄拳制裁』『玉村吉弥の死』等を発表していた。五年に第四次「新思潮」が創刊されたとき『藤十郎の恋』を送ったが返却された経緯があった。

『無名作家の日記』は、この時の顚末に、当時の焦慮や猜疑心を織り込んで一人称小説にし、見事に成功したのである。

〝無名作家〟で文壇に登場した菊池寛は、たちまちにして有名作家になった。四十代の若さで全集を刊行する一方、ポケットマネーで「文藝春秋」を創刊した。

同誌が文芸誌として成功するや、才能ある無名作家を世に出すために、昭和十年「芥川龍之介賞」「直木三十五賞」を創設。前賞は純文学、後賞は大衆文学の「無名若しくは無名に近い新進作家を世に出したい為」に、年二回詮衡。受賞者に賞金五百円と、副賞に時計を贈ることにした。三十円あれば一カ月暮らせる時代だった。

一九一九年『地上』——社会主義者たちの絶賛を浴びた自叙伝的長編

文芸出版の老舗、新潮社社史で、逸することのできないベストセラーに挙げられているのが、島田清次郎の『地上』である。

創業者の佐藤義亮は、次の通りに書いている。

「盛名を馳せた人で悲惨な末路を見せるものは珍しくないが、彗星のやうに突如現はれて四辺を眩惑し、僅か両三年にして又忽ち彗星のやうに消え去った、島田清次郎氏の如きは、恐らく空前にして、絶後といふべきであらう」

文芸出版社として堅実な発展を続ける新潮社から、まったく無名の二十一歳の青年・島田清次郎の『地上』が刊行されたのは、一九一九（大正八）年であった。

実業家の保護をうけている青年が、世の不正を見て悲憤慷慨、自立してその不正・不徳を正し、理想を実現しようとする自叙伝的長編小説だった。

この小説を最初に読み、新潮社に推薦した生田長江は、「バルザック、フローベルの描写とトルストイ、ドストエフスキーの主張を兼ね備えている」と激賞し、社会主義者の堺利彦は「社会的文芸の代表作！」と誉めちぎった。また詩人の生田春月も、『地上』に描かれた強烈な理想に突っ走る、主人公の情熱とスケールの大きさに感嘆の声を惜しまなかった。

『新潮社八十年小史』によると、「『地上』の第一部は三万部売れ、第二部も初版一万部がたった二日で売り切れるという、当時としては異常な売れゆきとなった」と記され、中等学校の生徒数が全国で四十六万人に過ぎなかった時代の三万部は、今日の二十七万部に匹敵すると述べている。

第三部、第四部は未完のままで刊行されるが、島田の驕慢さは売れゆきに相乗してひどくなり、「『地上』が売れすぎるのは、政友会出身の内相原敬が、私の人気をねたんで、民衆に読ませないように買い占めているにちがいない」と、奇矯なことを口走るようになった。

四部の売り上げ累計は五十万部に達し、その印税で世界旅行を終えて帰った後の作品は、支離滅裂だった。

その後、破廉恥な事件を起こして巣鴨の精神病院に収容され、ここで没した。

新潮社の創業者・佐藤義亮に「突如、彗星のように現れて、わずか両三年にして、たちまち、また彗星のように消えた――空前にして絶後」と評された島田清次郎の生涯は、杉森久英の『天才と狂人の間』に描かれた。

同作品は、昭和一九六二（三十七）年上半期の直木賞を受賞し、詮衡委員の一人・海音寺潮五郎は、

「フィクションの部分が少ないという意見もあったが、事実をふまえながら人間をしっかり浮き立たせるというのは、なまなかな技量で出来ることではない」と評した。

一九二〇年　『死線を越えて』――感動呼んだ貧民救済に献身の半生記

わが国最初のメーデーが五月二日、東京の上野公園で開催され、十五団体四千人が参加した。株価大暴落して、世界大戦後の恐慌が始まり、社会運動が一段と高揚した。

時代相を象徴する「改造」を誌名とする総合雑誌が、一年前に創刊されていたが、その雑誌

の一月から連載を始め、十月に単行本となったのが『死線を越えて』だった。
婦人の政治活動の自由を獲得するための運動が、この年に結成された新婦人協会によって展開された。

大正時代、最高のベストセラーとなり、読書界に未曾有の歓迎を受けた小説であった。心を鷲づかみするようなタイトルと、神戸葺合新川にあって貧民救済に献身する新見栄一の姿は、社会主義運動覚醒期の民衆を、異様な感動に巻き込まずにはおかなかった。

作者は、宗教家で社会事業家、そして希代のアージテーターといわれた賀川豊彦だった。神戸に生まれた賀川は、徳島中学在学中にキリスト教に入信。明治学院、神戸中央神学校を終えた後、渡米してプリンストン大学に学んだ。

神学校に在学中から、神戸葺合新川の貧民窟で伝道救済事業に献身し、一九〇七年、川崎造船所の争議に関連して、扇動者として検挙されていた。出獄後、全国各地に沸き起るような社会運動、農民運動に飛び込み、キリスト教的社会主義の立場から解決を見いだそうと奔走したが、特高警察は弾圧に次ぐ弾圧、拷問に

よって彼らのせん滅を図った。

『死線を越えて』は、新見栄一に仮託した賀川豊彦の半生記で、その足取りをそのままたどっていた。主人公は、明治学院に入学して精神の苦悩の解決を求めるがかなえられず、徳島に帰郷して、父との不和、幼友達鶴子との恋、神戸港の沖仲仕など、さまざまな体験を経た後、貧民窟の救済に入る。この間、鶴子をはじめ次々と背かれ、印刷女工樋口喜恵子のみが彼の献身的な協力者となった。そして労働争議へとつっ走るのだった。

『死線を越えて』は、『太陽を射るもの』『壁の声をきく時』の三部作となって洛陽の紙価を高めたのだった。

賀川豊彦は、日米関係が悪化するなか、反戦活動容疑で、一九四〇（昭和十五）年八月に検挙され、巣鴨拘置所に収容された。

しかし、外相松岡洋右のとりなしで釈放され、翌四一年四月「キリスト教平和使節国」の一員として渡米。日米関係打開のために奔走した。

戦後は、日本社会党の結成のために献身するほか、生涯かけて貧民救済のために闘った。一時は、ノーベル賞候補に擬せられたこともあった。

一九二二年『暗夜行路』――〝文学の神様〟唯一の長編

無産階級の人を指す「プロレタリア」、それに対比する有産階級《ブルジョア》が、流行語になった。東京駅頭で〝平民宰相〟原敬が刺殺される惨劇が起きた。皇太子妃内定をめぐって、久邇宮良子の母方、島津家に色盲の血統があることから、宮中某重大事件が取沙汰されていたが、皇太子裕仁はヨーロッパにむけ外遊に発つ。

東北帝大教授で歌人石原純が、歌人原阿佐緒との恋愛問題で大学を追われ、石原の著書『アインスタインの相対性原理』が、恋愛の理論書と勘ちがいされて、よく売れた。

明治末期、武者小路實篤、有島武郎、木下利玄らと共に、学習院で学んだエリートたちが創刊した同人誌に「白樺」があった。

白樺派の特色は、それぞれの個性を尊重した人道主義、理想主義傾向の作品だったが、志賀直哉は事物の核心をとらえて描く心理的リアリズムに徹していた。

私小説の最高峰を示す代表作『和解』とならんだ長編の傑作『暗夜行路』は、夏目漱石の『心』

のあとにと、文豪に慫慂《しょうよう》されて構想にとりかかっていた。

しかし、一九一二（大正元）年、尾の道にいる頃から書き出し、三年夏までかかって、どうしてもものにならず、前編がようやく「改造」に連載されたのは、十年後だった。

永年の父との不和を題材にしたもので、前編は不義の子の悩みを、悪徳や虚偽を憎悪する徹底した潔癖さで描き、後編は妻の不義に対する悩みをテーマにしていた。

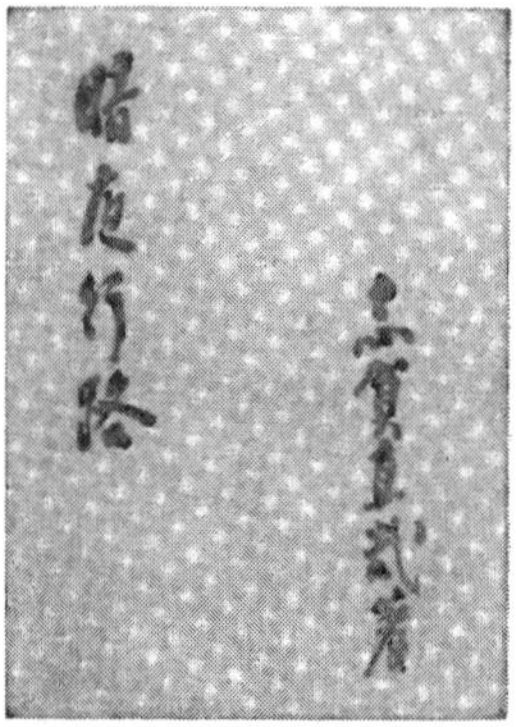

前編から後編が完結するまでに、十六年もかかっていて、筆が行きづまると、直哉は何カ月も、時には何年間にもわたって、勝手気ままに休載をした故であった。

志賀直哉の唯一の長編小説『暗夜行路』の主人公・時任謙作は、近代日本文学が創造した最もすぐれた人間像の一つの高い評価を受ける一方で、左翼系作家の中野重治は全く否定的であった。

志賀直哉には、「文学の神様」というニックネームが献呈されていた。八十八年の生涯で、唯一の長編『暗夜行路』の他は、過半が短編小説だった。それでいて、豊かな生活が送れたのは、恒産に優れていたからだった。

大正、昭和の文壇に、鋭い感受性にみがきぬかれた簡潔な文体を完成し、その信奉者の数は多かった。瀧井孝作、尾崎一雄、網野菊、阿川弘之、藤枝静男らが門下生で、阿川の評伝『志賀直哉』は、彼の代表作になった。

死去後、墓から遺骨が骨壺ごと盗まれているが、遺骨の行方はいまも不明である。

一九二二年 「週刊朝日」創刊——ニュース・娯楽・経済の三部構成で分割保存に工夫

週単位で発行される週刊誌は、新聞社という巨大な機構と、網の目のように張りめぐらされた取材網、たちどころに全国津々浦々に届く販売網。そして、誌面を埋める広告があってはじめて可能な定期刊行物であった。

少なくとも、三十年後、文芸出版社の老舗、新潮社から「週刊新潮」を創刊し、軌道に乗せるまでは、それがマスコミ界の常識だった。

その週刊誌が、当初は旬刊という及び腰で大手新聞社の朝日、毎日二社をバックに創刊されたのは、一九二二年であった。

正規の週刊誌は、朝日・毎日両新聞社から創刊された「旬刊朝日」と「サンデー毎日」から

語りおこされる。

関東大震災の前年、一九二二（大正十一）年二月二十五日号「旬刊朝日」。同年四月二日号「サンデー毎日」が呱々の声を上げていた。日の目を見るのは朝日が先んじたが、企画は毎日が早く、新聞の日曜版――サンデーエディションを企てていたといわれる。

二カ月間のみ旬刊だった「週刊朝日」初代の鎌田敬四郎編集長は、「ロンドン・タイムズ週報のようなニュース本位の週刊誌を出したいという希望や、学芸本位、あるいは経済週報をという希望があり、これをひとまとめにして出すために、二年半は全誌をおよそ三等分して、一部はニュース本位、一部を学芸および家庭娯楽、一部を経済記事にして、読者の希望にしたがって、それぞれを分割して保存し得るようにし」「今日の時代に必要な知識と慰楽とを、最も消化しやすい形に整理して、読者に提供する」ことを志したと述べている。

創刊号（写真＝「旬刊朝日」）は、四六 四倍判、本文と共紙を加えた三十六ページ。活版一色で定価は十銭。刷部数三十五万部だった。

表紙は、フランスのジョッフル元帥が大阪朝日新聞を訪れた時、本社楼上大広間で歓迎を受けた折の上半身の写真であった。表紙裏は上欄が目次、下欄は岡本一平の漫画「新時代の家庭雛」。その絵柄は軍人の夫の横に断髪で、産児制限の題字入りの本を抱える妻という、その時代を諷刺したものだった。

大手新聞社をバックの両週刊誌は、大衆情報化時代に三十数年さきがけて競争することになった。

一九二三年 「文藝春秋」——「書きたいことを」と出発、堂々たる総合誌に

マグニチュード八の大激震で、首都圏を壊滅させた年である。

火災、津波により死者、行方不明十万人余。全壊焼失家屋四十六万という大惨事であった。「枯れ芒《すすき》」が大流行している最中の天災で、幸田露伴は「このような頽廃的な唄が流行ったからだ」と発言していた。

有島武郎が人妻で婦人公論記者の波多野秋子と、軽井沢の別荘で心中したのも、震災前であり、長谷川如是閑は、「ブルジョア意識がプロレタリア意識に負けた……」と嘆息した。

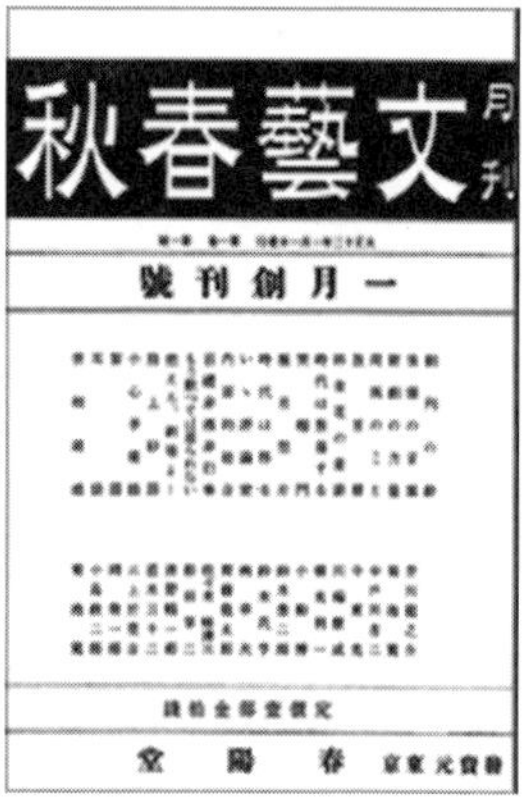

「文藝春秋」は、創業者・菊池寛の「自分で考えていることを自由な気持で言ってみたい」ということから、一九二三（大正十二）年一月にスタートしている。

有名な創刊の辞は、構えのない次の言葉で始まっていた。

「私は頼まれて物を言うことに飽いた。自分で、考えていることを、読者や編集者に気兼ねなしに、自由な心持で言ってみたい。友人にも私と同感の人々が多いだろう。又、私が知っている若い人達には、物が言いたくて、ウズウズしている人が多い。一には、自分のため、一には他のため、この小雑誌を出すことにした」

上部に木版で「月刊文藝春秋」と黒ベタの中に白抜き、目次も兼ねた活版刷りの表紙だった。最初のページの芥川龍之介のアフォリズム「侏儒の言葉」から、巻末の菊池寛の署名のある編集後記まで、どのページも四段組のギッシリ活字の詰まった誌面づくりだった。

創刊号の執筆者は、芥川龍之介、菊池寛、中戸川吉二、今東光、川端康成、横光利一、小柳博、鈴木彦二郎、鈴木氏亨、南幸夫、斎藤龍太郎、佐々木三津三、船田享二、清野暢一郎、直木三十五、三上於菟吉、岡栄一郎、小島政二郎。その顔ぶれで分かるように、菊池寛の盛名を慕って集まってきた面々だった。

原稿が集まらなかったら来月でも廃すかも知れない。また売れて景気もよかったら、拡大して堂々たる文芸雑誌にするかも知れない、と創刊号の編集後記に書いたゴシップ的な小雑誌が、数年足らずで堂々たる総合雑誌に育ったのである。

菊池寛は、作家としては初期の短編小説以外に、文学史に遺るような見るべき作品は残していない。

が、「生活」を「芸術」より重きをおいたリアリズムに徹した生き方で「芥川賞」「直木賞」を創設したほか、「文藝春秋」を創刊したことは、出版史に燦然《さんぜん》と輝く一大功績者であった。

とくに「文藝春秋」は、昭和、平成時代の国民雑誌の位置に立ち、保守寄りの総合誌として、最高発行部数を保持している。

一九二四年『痴人の愛』――主人公の奔放な生き方に検閲当局が干渉

関東大震災にショックを受け、生活の場を関西へ移したのが谷崎潤一郎だった。享楽耽美と、変態性欲的な官能描写に傾き、『刺青』を出発点に、女の鼻汁を舐めて快感を味わう『悪魔』や、愛人を暴君的に振る舞わせて成功した結果、捨てられる男を描いた『捨てられる迄』、マゾヒズムを扱った『錢太郎』を経て、愛欲の奴隷となる男の病的な情念を描いた『痴人の愛』へと筆はすすんだ。

巷には、軍隊で歌われていた猥歌《バレうた》を改作した「ストトン節」が、当時大流行していた。

『痴人の愛』は、大正末期の文壇をナオミズムの名称でゆるがせた小説であった。関東大震災に衝撃を受けて関西へ移住した谷崎潤一郎が、その地て初めて世に問うた長編小説である。

一九二四（大正十三）年三月「大阪朝日新聞」に連載され、一時中断された後、続編は雑誌「女性」に載せる形をとった。小説の主人公の奔放ぶりに、検閲当局からの干渉・弾圧があったからで、谷崎は新聞連載を中断する事情を「新聞社の都合に依って掲載を見合はせてくれとの交渉に接し、私も事情已むを得ないものと認めてその申し出を承諾しました」と述べる一方で、「私の近来会心の作であり、且つ感興の乗って来た際ですから出来るだけ早く機会を求め、他の雑誌か新聞紙上で続きを発表します」と約束していた。

小説は、谷崎潤一郎の義妹せい子がモデルになっていた。無邪気で混血児とみまごうほどの少女ナオミは、資産家である夫・河合譲治の金に糸目を付けない贅沢な調教によって、おごりたかぶったモダンガールに育っていく。

彼女は、娼婦型の女性に変わり、多くの男性と不倫の行為を犯すまでになった。さすがの譲治もがまんの限界を越えて、干渉する。怒ったナオミは家出をしてしまう。狼狽した譲治は、戻ってくるように懇願するが、勝ち誇ったナオミは高圧的な態度で、夫に馬になるように命じ、四つん這いにして跨る。夫はこの屈辱を堪え忍ぶ。

谷崎文学が追求する、女に愚弄されることに快感を覚える一種の性的倒錯を描いた小説だった。

だが、良妻賢母が女性の生きる規範とされた時代に、その背理的小説は大きな波紋を巻き起こさずにはおかなかった。

谷崎は数年後に、妻を友人の佐藤春夫に譲渡して、社会に波紋を呼んだ。

妻を友人に譲渡した後、谷崎は再婚した古川丁夫子とも別れ、人妻森田松子と結婚。その恋愛過程も小説にしている。

一九二五年「キング」——五年間温め、大宣伝と低価格で市場を席巻

電波で音声を伝えるラジオ放送が開始された。当時、無線放送と呼ばれ「無線電話で音楽や新聞や御話などを送り出すこと」と説明されていた。

放送という新語が生み出されたのもこの時で、広播、弘布、放送といった訳語の中から選ばれた。アナウンサーも、告知手、報知手、送話手、告知員、ラジ弁等の中から決めている。

電波は、昭和時代に入って、視聴を同時に伝えるテレビにドッキングされて、その余光に与るものは、全人類に及ぶことになった。

一九二五（大正十四）年は、雑誌界に一大センセーションを巻き起こす「キング」の創刊された年でもあった。野間清治が創業した大日本雄弁会講談社が、窮極に目指した新雑誌である

彼は、五年間精魂を込めて百万部売れる雑誌の研究に没頭し、老若男女、教養・職業・地位を超越して読んでもらえる雑誌づくりのヒントをつかんだ。

万人が面白いと感じ、為になる雑誌づくりの啓示を得たのは、ある民衆教育団体主催の講演会だった。あらゆる階層、年齢、性別を超えた人々の集いに、各種の社会層を代表する名士が次々と講演したが、その時、全聴衆を見事に掌握したのは、有名な僧侶だった。

「それは説教で、譬話や逸話の中に仏教の教えをこめたものであった。そのとき私は万人向けの雑誌の鍵の大事な一つを発見したのである」

野間は、誌名を日本化された英語で誰もが知っていて、呼び易く、響きがよく貴族的な「キング」に決めて、編集に入った。原稿の審査は、清治とその妻左衛、一子恒に加えて、各雑誌の編集主任らだった。野間はこの時四十六歳、左衛夫人四一歳、恒は十五歳の少年だった。

厳選を経てできあがった「キング」は、小説をベースに説話、感話、訓言、美談、逸話、伝記、心得、実用知識、笑話、珍談等を満載した本誌三百五十二ページ、「四大付録」がついて定価五十銭という日本一安い雑誌であった。

彼は、取次の東京堂・大野孫平の賛同を得て、創刊号五十万部の空前の部数でスタート。新聞、雑誌、ポスター、立て看板、ダイレクトメールなど、三十八万円かけた希に見る大宣伝によって、日本中に周知させた。出版界始まって以来の大宣伝と安い値段がものをいって、発売半月で五十万部を売り切り、追加注文で重版。大量生産、大量販売の道をここに開いた。

講談社の創業者・野間清治は、このように出版界で計量化できるあらゆる面で〝日本一〟を志向した出版事業家だった。

しかし、その念願を達した「キング」は、太平洋戦争下にお上の欧米語のきびしい排斥により、「富士」と改題を余儀なくされた。戦後、「キング」の誌名にもどったものの、往年のミリオン雑誌は、時流に対応できず一九五八（昭和三十三）年十二月まで続いて、通巻四百十八号で休刊した。

第三章　戦争に終始した昭和戦前

一九二六年　『現代日本文学全集』――〝円タク〟時代に定価一円がうけて予約殺到

「朕　皇祖皇宗ノ威霊ニ頼リ　大統ヲ承ケ　万機ヲ総フ　茲ニ定制ニ遵ヒ　元号ヲ建テ　大正十五年十二月二十五日以後ヲ　改メテ昭和元年ト　為ス　御名御璽」

中国の『書経』の堯典の「百姓昭明万邦協和」から取った元号であった。万邦協和を夢見て付けられた元号だったが、六十余年にわたった昭和時代は、戦争につぐ戦争の二十年と、無条件降伏した後は、史観、世界観が手の裏を返すように変わった、文字通りの一身にして二生を経た時代となった。

日本文学史上、画期的な成功をおさめる『現代日本文学全集』は、元号が変る前後の八方ふさがりの不況下に刊行された。俗に〝円本〟と呼ばれる一円本全集の嚆矢であった。

生みの親は、改造社の山本実彦。大正中期、「中央公論」に対抗して、総合雑誌「改造」を創刊した新聞記者出身の政治家であった。

『雑誌「改造の四十年」』には、

「この企画は（中略）一社員のアイデアを直観的に捉えて、直ちに実行に移した山本実彦の決断力から生まれた」と記されている。

山本がこの時、玉砕覚悟の一発勝負に出ざるをえなかったのは、社の経営が明日をも知れぬ危機にあったからだった。

企画は、昭和に改元される一カ月前に発表されたが、全三十六巻、菊判上製、六号活字、ルビつき三段組み、六百ページ、単行本四、五冊分にあたる三千二百枚の原稿を一冊に収めて、定価は各巻一円という前代未聞の安さだった。ただし、予約制で会員を募集し、最初の申し込み金一円を最終回配本にあてる（途中でやめた会員は没収）ということになっていた。当時、単行本は一冊二円から二円五十銭はしていた。その三、四冊分の分量が収まって、十分の一近い値段で買えるというわけである。

東京市内のタクシーが、メーター制ではなく、市内だったらどこへいくにも一円で足りた時代だった。〝円タク〟という呼称はそこから生まれたものだが、それにならって、〝円本〟といわれるようになった。

その分量と安さにひかれ、募集が始まると、予約が殺到した。一説には二十八万人の予約があったといわれ、文壇の大御所・菊池寛は「あの円本全集のため、日本の出版界に一大革命が起り」、作家の生活も豊かになったと、リアリストらしい評価を下していた。

一九二七年『世界文学全集』——広告効果も手伝って驚異のベストセラーに

芥川龍之介が旧友に「将来に対する唯ぼんやりした不安」を遺して服毒自殺をした年である。改造社の『現代日本文学全集』を嚆矢とする〝円本ブーム〟によって、日本の出版界に一大革命が起り、出版組織に大変革を来たし、貧困が看板の作家の生活も、時ならぬ印税収入で大いに潤った。

リアリストの菊池寛は「作家の生活がすくなくとも物質的にでも豊かになったのは、円本の影響であろう」と、単刀直入に語っている。

〝円本ブーム〟に乗り遅れた岩波書店は、岩波文庫を創刊した。

出版界挙げての狂乱の〝円本ブーム〟が起こるのは、改造社の『現代日本文学全集』の大成功をみた後である。タテマエでは、創造性を重んずる出版界だが、いまも昔も、柳の下の二匹目三匹目のドジョウを狙うのが、この世界の習わしだった。

まず、文芸出版ひと筋の新潮社が、一九二七（昭和二）年一月『世界文学全集』全三十八巻を打ち出したのである。新聞広告はじまって以来の二ページ見開き全紙を使っての大広告を掲載。「人生の諸相を悉くす人間学の大教科書は是れだ」というキャッチフレーズを掲げて、「吾々は日本人であると共に世界人だ。その世界人としての資質を全うせしむる教化機関は翻訳文芸の外にはない」と翻訳文学に絶対の自信をもって、大広告を打ちつづけた。

この文案は、創業者社長の佐藤義亮がひとりで作っていた。

広告は東京朝日新聞だけでも全ページ五回、八段二回、三段二回、二段一回と、合計すると最初の二ページを加えて、九ページ分にもなった。

この広告の効果も手伝って、四六判・五百ページ、背クロス、六号活字・二段組、箱入りの『世界文学全集』は、五十八万部という驚異的な大ベストセラーになった。「世界」が「日本」の文学全集を凌駕したわけで、佐藤は思わず社員と万歳を叫んだと伝えられる。

売れないとされた翻訳ものは、その読者層を一挙に何百倍にも拡大し、これを契機に翻訳業が職業として成り立つようになった。それまで翻訳原稿は買い取り制で、四百字詰め一枚三十銭が相場だったが、この『世界文学全集』から印税制となり、翻訳家たちはケタ外れの大金を手にするようになった。

ブームに輪をかけたような円本ラッシュは、日本と世界を冠した文学全集の大当たりの後から起こった。円本のアイテムは三百種前後と語り継がれている。

一九二八年　『放浪記』――林芙美子の自伝的小説

悪名高い特高警察が発足した年であった。

三月十五日に、政府は共産党関係一五六八人を一斉に検挙し、徳田球一ら四八三人を治安維持法で起訴した。三・一五事件である。

しかし、左翼運動は澎湃《ほうはい》として起り、共産党の機関紙「赤旗」が創刊され、全日本無産者芸術連盟（ナップ）が結成された。小林多喜二、徳永直らの活動舞台だった。『資本論入門』を刊行した河上肇が、三・一五事件の関係で京都帝大教授を依願免官。東大の大森義太郎、九大の向坂逸郎らも続いて免官させられた。

この年の話題本となった『放浪記』は、自伝的日記体小説である。

九州の桜島の温泉宿の娘であった母と、四国出身の行商人を父として生まれた私は、宿命的な放浪者で、古里をもたない人間である。

母は、他国者と一緒になったというので、鹿児島を追放され、父と落ち着いた場所は山口県の下関だった。

八つのとき、若松でかなりの財産をつくっていた父は、天草から逃げてきた浜という芸者を家に入れたため、私の母は八つの私を連れて家を出てしまった。そして、岡山出身の行商人と一緒になり、木賃宿ばかりを渡り歩く生活をし、小学校は七度もかわった末に、中途でやめてしまった。

私は十二歳から行商をしながら炭鉱町などを歩き、社会の底辺にいる人たちの生活を見てきた。

おとなになって東京へ出た私は、文士の家の女中をふり出しに、露店で下着を売ったり、おもちゃ工場の女工になったりしながら文学書を読み、詩を書くようになった。

この間、つぎつぎと男が代わり、カフェーの女給をしている時には、女の流転的宿命を思いきり知らされた……。

林芙美子の『放浪記』は、これといった筋はなく、女

主人公の目を通して見た下層社会、人生の裏面を明るい叙情的な文章で綴っていた。

芙美子は『放浪記』の大ベストセラーで、一躍、人気作家になって、その金でヨーロッパ旅行を楽しみ、日中戦争になるや、南京陥落一番乗りを果たした。戦後は、超人気作家として、寝る間もなく執筆活動をし、過労のため四十七歳で急逝している。

一九二九年　『蟹工船』――資本の苛烈さを描いたプロレタリア文学の代表作

アメリカで発した恐慌のきざしは、たちまち日本に伝わり、生糸の価格が暴落の様相を見せはじめた。日本経済は、輸出不振、輸入増で国際収入の悪化から脱出を計るために、金本位制で復帰を断行したが、これが裏目に出てしまった。

小津安二郎の映画『大学は出たけれど』がヒットしたのも、三月に東大を卒業した学生の三割しか就職が決まらぬ不況が背景にあった。汗を流して働く者の苦境を描いた左翼文学が、取締りの眼をくぐって深く潜航する時代になっていた。

『蟹工船』は、小林多喜二の作家的地位を不動のものにしたプロレタリア文学の代表作で、一九二九（昭和四）年「戦旗」五、六月号に発表されたが、後半部を掲載した六月号が不敬罪に問われて発禁になった。

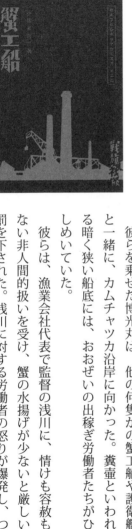

献上品となる缶詰を作るに際し、

「『俺達の本当の血と汗を搾り上げて作るものだ。フン、さぞうめえこったろ。食ってしまってから、腹痛でも起さねばいゝさ。』皆そんな気持で作った。

『石ころでも入れておけ！—かもうもんか！』」

と言う部分が、神聖にして冒すべからざるお上を愚弄している、とみなされたからだった。

その書き出しは、「おい地獄さ行ぐんだで！」という、生き地獄のような北洋の漁場で苛酷な労働を強いられる労働者の言葉で始まっていた。

彼らを乗せた博光丸は、他の何隻かの蟹工船や護衛艦と一緒に、カムチャツカ沿岸に向かった。糞壷といわれる暗く狭い船底には、おおぜいの出稼ぎ労働者たちがひしめいていた。

彼らは、漁業会社代表で監督の浅川に、情けも容赦もない非人間的扱いを受け、蟹の水揚げが少ないと厳しい罰を下された。浅川に対する労働者の怒りが爆発し、ついにストライキに突入した。そのとき、駆逐艦から銃剣をつけた水兵たちが乗り移ってくる。が、「わが帝国の軍艦だ。おれたちの味方だ」という彼らの期待を踏みにじって、水兵たちは労働者の代表九人を「不忠者」と罵倒、拉致してしまう……。

悲惨な運命に逆らって集団闘争に立ち上がる――資本主義に搾取される一方の労働者の怒りを、ビビッドに描いた傑作だった。

多喜二は、この四年後、東京・築地署で特高警察に凄惨なリンチを受け、虐殺された。

一九三〇年　エロ・グロ・ナンセンス――不況の谷間に咲いた徒花

世界恐慌の大波をモロにかぶって、日本経済は破綻状況に陥った。不景気と失業にあえぐ国民は、エロ・グロ・ナンセンスの享楽に走り、出版界はその流れに迎合して、そのものズバリの煽情出版を連発した。

一方、農村では娘を賤業に売って、一家の糊口《ここう》をしのぐまでになった。特に東北地方の窮乏はひどく、五年から九年にかけての冷害凶作で米作は三十九％も減少した。

口べらしのために身売りされた娘の値段は、酌婦が最低十五円、娼妓は五十円だった。

狂乱の円本ブームは、一九三〇（昭和五）年に襲来した大恐慌によって終わりを告げた。委託販売制度の上に生業をたてていた出版界は、その巻き添えをうけて返本の山を抱え込むことになった。

　誠文堂新光社の小川菊松は『出版興亡五十年』のなかで次のように述べている。

「二〇万、五〇万と発行した円本も、発行する片っぱしから相当の返本があって、（中略）収容しておくべき倉庫もなく、担保には入れられずで、遂に反古同様の値段ではたかなければならなくなったのである」

　一冊十円近い原価の本を、マス・プロ、マス・セールのおかげで一円という安い値段で売っ

た残りだけに、『世界戯曲全集』が一冊五銭、『現代日本文学全集』が同十二銭程度の引き取り値で、ゾッキ本値段は三十〜四十銭という〝銭本〟に化していた。

出版不況を救う手段として登場したのが、エロ・グロ雑誌やその類いの本だった。雑誌では、「犯罪科学」「犯罪公論」「猟奇畫報」「風俗資料」「桃色草紙」「グロテスク」「エロ」「変態黄表紙」「デカメロン」など、単行本では『世界好色文学史』『愛慾行進曲』『貞操泥棒』『現代猟奇尖端図鑑』『近代犯罪科学全集』などだった。

この時期の出版不況のきびしさを示す一例は、文芸出版の名門・新潮社をも『現代猟奇尖端図鑑』出版に走らせたことである。

新聞広告には、「猟奇、尖端の精とは此本だ。エロ！　グロ　あまりに大膽なエロ・グロの実景の展開だ。誰もこの本を見て息の詰らぬ人はないでしよう」と煽っていた。

一方でプロレタリア小説や前衛的雑誌の創刊も相次ぐが、エログロ雑誌とともに、次々と発禁になっていった。

一九三一年『大百科事典』——「平凡」の失敗を救う

世界的なパニック、東北地方の大凶作から目を逸すために、軍部と右翼は公然たる政治運動に乗り出した。

「満蒙は我が国の生命線である」と、柳条湖で爆破事件をおこして、十五年戦争の発端、満州事変を勃発させる。陸軍急進派はクーデターを企てる。国際連盟は日本の満州撤兵勧告案を可決した。

しかし、日露戦争の辛勝によって獲得した日本の権益を守るために、関東軍は疾風迅雷の勢いで満州鉄道の沿線要地をまたたく間に占領してしまった。

一国の文化レベルは、その国で発刊された事典のレベルに比例するといわれている。イギリスのエンサイクロペディアを例にひくまでもなく、充実した事典にはその国の文化の高さが反映されていた。

日本における本格的な百科事典は、冨山房、三省堂につづく平凡社の刊行によって確立された。一九三一（昭和六）年、平凡社で刊行開始した全二十八巻の『大百科事典』である。講談社の百万雑誌「キング」の向こうをはって創刊した雑誌「平凡」の売れ行き不振でつまずいた同社が、起死回生策として債権者会議の席で持ち出した大企画だった。希代の出版人・下中弥三郎は、倒産の不手際を詫びた後で、次のような大構想を発表したのである。

「私を信じて善後処置をまかしてくれるなら、立て直しの妙案を持っている。全二十八巻の『大百科事典』を出版することだ。百科事典は何人にとっても便利なもので、したがって必ず売れる」

その実現手段として、手間ヒマのかかる原稿取りの仕事は、外勤を増やして彼らに任せ、学者連中に強引に書かせる。印刷はタイプで特別に印字したものを、ネガにしてオフセットの単式印刷を用いれば、年内には第一巻が刊行できるというものだった。

次に切り出したのが、債務を全部無利息にして一年間据え置き、手形は債権者に買い戻してもらう、以後、債務返済が終わるまでは手形を発行しないという策だった。

下中社長の提案は、紆余曲折の末、債権者に受け入れられた。英国のエンサイクロペディアは世紀のスタンスをとっているのに、平凡社の『大百科事典』はアッという間につくり上げ、下中の目論見とおり四万セットを超えるベストセラーになった。

『大百貨事典』で再起した平凡社は、戦後も『世界大百科事典』で、薄氷の上を歩むような危機をのりきり、その後『国民百科事典』（全七巻・一万円）が大ベストセラーになって、麹町の旧社屋跡に、モダンな八階建てビルを竣工した。

しかし、花の時期は十年と続かず、第二次『国民百科』は不振、女性誌の『FREE』も失敗して、名門平凡社は倒産の危機に立ち、社屋を売り、二代目邦彦は引退。血縁に連なる者を社長に、七転び八起きの道を辿ることになった。

一九三二年　『大言海』――言葉の海の金字塔

満州事変につづいて、一九三二（昭和七）年一月に上海事変がおこった。国内では〝一人一殺〟の血盟団が要人の暗殺を企て、前蔵相井上準之助、三井財閥理事長団琢磨を暗殺。海軍将校の古賀清志・三上卓らは、首相官邸を襲撃して犬養首相を射殺――ここに政党内閣時代は終った。

軍部は、清国の廃帝溥儀を擁立して傀儡《かいらい》国家満州国を建て、漢・満・蒙・朝・日の五族協和を掲げた。〝星と錨〟（陸軍と海軍）が国政を牛耳《ぎゅうじ》る時勢下に入ったのである。

殺伐とした時勢を余《よそ》に、この七年から大槻文彦の『大言海』全四巻が、冨山房から刊行されはじめた。

大槻には、一八九一（明治二十四）年までに、十七年かけて完成した日本ではじめての普通語辞書があった。冨山房が、この『言海』の増補改訂をすすめて、『大言海』の執筆依頼をしたのは翌九二年だったが、碩学はこのすすめを受けて、よろこびもあらわに言ったのは

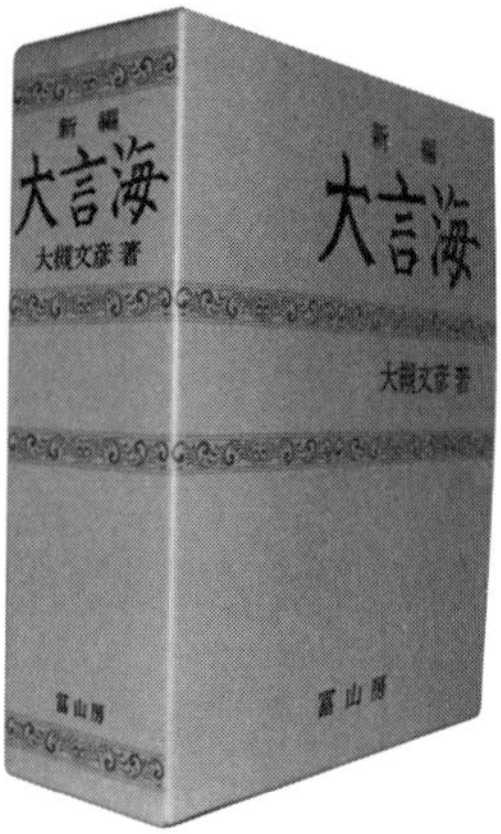

「こちらからお頼みしたい仕事です。だが、これには数人の編輯補助員と、急いでも六年や七年はかかります。それでもよろしいか」

だった。

冨山房社長坂本嘉治馬は、その申し出を受け、決然と次のように答えていた。

「費用と年月は覚悟の上です。世のためになる仕事に迷いはありません。お約束した以上は必ずやり通してお見せします」

大槻はこの快諾を受けて、新しい語詞の採択に一九一八（大正八）年までかけ、原稿執筆にかかったのは翌春からだった。七十五歳の老骨にムチ打っての仕事は苛酷で、「さ行」まで書いて、一九二八（昭和三）年二月十七日、八十二歳で瞑目した。

そのあと、関根正直、新村出両博士が監修者になり、大久保初男らの手で、四六倍判の第一巻が出たのは一九三二（昭和七）年だった。以降、四分冊で六円という高価辞書は、昭和二十四年に紙型焼失するまでの約六十年間で、延七百版近い刷を重ねた名辞書になった。

『大言海』は、戦後、当用漢字・現代仮名遣いを定めてから、「引きにくい」の声が高まったため、冨山房創立九十周年を迎えたのを期に、『新編大言海』に改訂された。

B5判二百四十頁、一万八千六百円だったが、大野晋、山田信、高田宏らがもろ手を挙げて推薦している。日本語辞典の一大古典は不滅であったというべきか。

一九三三年　『春琴抄』――人妻との恋愛体験を作品に昇華

国際連盟を脱退、日本が世界の孤児になる道を選んだ運命の年であった。プロレタリア作家同盟の中心的な作家小林多喜二が、街頭連絡中に特高警察に逮捕され、築地署で拷問のすえに虐殺された。

拷問による多量の内出血で、多喜二の太腿は普通の人間の二倍になり、陰茎から睾丸にまで及んで、二つの物が異常にハレあがっていたと江口渙は『三つの死』の中で述べている。

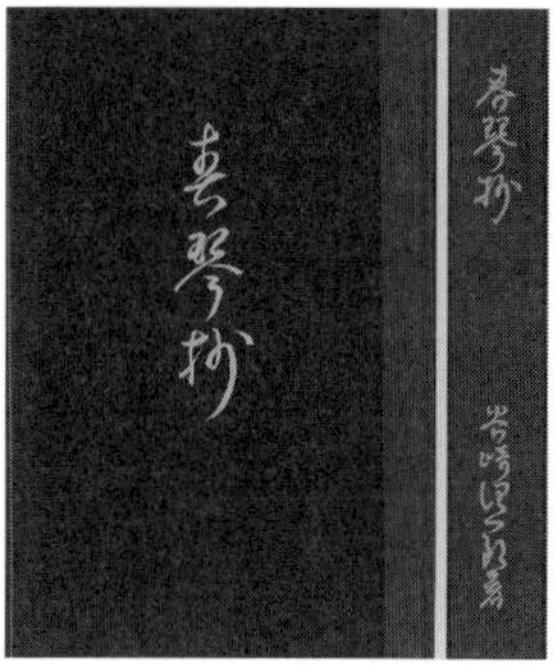

この凄惨な異常時勢下に全く無縁な小説が、谷崎潤一郎の手で書き綴られていた。大衆もファシズムの魔手を知ってか知らずか、「東京音頭」に浮かれていた。

谷崎潤一郎の自装本『春琴抄』は、一九三三（昭和八）年十二月に大阪創元社から出版された。漆塗りの外装と、けい線入りの紙に変体仮名を用い、伝統的な色調を重んじた珠玉の本となっていた。付録に小説『蘆刈』、戯曲『顔世』を添えた三百四十ページ。定価は一円九十銭だった。

『春琴抄』は、ファシズムの吹き荒れる昭和ヒトけた時代の対岸に立つ、女性崇拝を極限まで追求した文学作品だった。谷崎は関東大震災後、関西に移り住んでいたが、大阪屈指の木綿問屋・根律家の御寮人松子と恋愛関係に陥り、創作意欲をわきおこした。『春琴抄』は、人妻松子との恋愛によって触発され、完成した作品だった。

三二年九月二日の谷崎の松子宛の手紙には、春琴抄を地でゆく情念が書きこまれていた——

「一生あなた様に御仕へ申すことが出来ましたらたとひそのために身を亡ぼしてもそれか私には無上の幸福でございます。（中略）私には崇拝する高貴の女性かなければ思ふように創作か出来ないのでございますがそれがようく今日になって始めてさういふ御方様にめぐり合ふことか出来たのでございます」。

『春琴抄』は、九歳で失明した大阪・道修町薬種商の次女春琴に対する、その家に奉公する佐助の絶対的な献身が筋立てとなっていた。すぐれた容姿をもつ春琴は、琴三弦で身を立て、十七歳で佐助と瓜ふたつの子を産むが、相手が佐助であることをにべもなく否認した。春琴が、弟子のひとりに恋の怨みから熱湯を浴びせられて美貌を傷つけられると、佐助は針で自分の目を突き、盲目となって彼女の愛情に殉ずるのだった。

春琴を松子、佐助を潤一郎にかこつけた谷崎作品であった。

作品の陰に、ほぼ、モデルにおぼしい女性の影があるのが、谷崎潤一郎の小説だった。

いち早く才能を認めた永井荷風は、「明治現代の文壇に於て今日まで唯一人手を下すことの出来なかった、或は手を下さうともしなかった芸術の一方面を開拓した成功者」と称えていた。

一九三四年 『女の一生』——時局に背く新聞小説

世相が軍国一色に塗りかえられはじめた。歌は世につれる流行歌の世界にまず現われ、夏ごろから検閲制度が実施されるようになった。出版界へは、政府の警告の形で要請があり、文部省に思想局が設置された。

「たたかひは創造の父、文化の母である。試煉の個人における、競争の国家における、ひとしくそれぞれの生命の生成発展、文化創造の動機であり刺戟である。」と書き出される『国防の本義と其の強化の提唱』が、陸軍から大量に配布される狂乱ぶり。

冷害凶作で娘の身売りが新聞の紙面を賑わす一方で、山本有三の『女の一生』が連載され、中央公論社から出版された。

朝日新聞に連載中から、多数の女性読者を集め人気が高かった。

御木允子という女の一生を描いた、この作家の面目を伝えるゆっくりしたテンポの重厚な作品だった。

「一年一作」といわれるほどの寡作な作家で、毒舌評論家の大宅壮一は一回三枚程度の新聞小説を書くのに、一日がかりで苦呻する山本有三に、次のような酷評を投げつけた。

「苦心、苦心、苦心――有三の作品から〝苦心〟を除いたら、後へ何が残るだろう。彼が現在の地位と名声をかちえたのも、まったくその賜物であるが、その〝苦心〟のすべてが、果して作家として、芸術家として、本質的なものにむけられているかどうか、甚だ疑問である。（中略）作品にうるおいや、のびのびとしたところがなくて、テンポがのろい。朝日新聞に連載した『女の一生』などが、その適例である。

東西朝日新聞の読者は、百万だか二百万だか知らないが、その中の果して何パーセントが、いやに凝っているばかりで、筋のちっとも発展しない、この栄養不良文学に、日々新鮮な興味を見出して、読み続けているだろうか？」

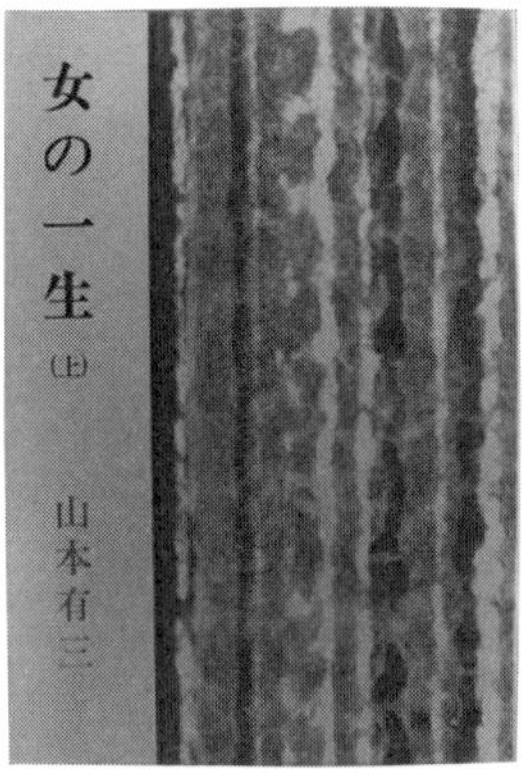

山本有三の遅筆ぶりは、生涯を通してのものだった。その中から『波』『風』『真実一路』『路傍の石』などのベストセラーが生まれていた。

山本有三は、戦後、国語審議会委員に選ばれ、当用漢字審査委員長に就いて、漢字制限の実践に熱心だった。当用漢字では使えないペンネームの日夏耿之介は、「われらの国語を路傍の石のごとく動かすのはやめろ！」と、抗議したとか。

一九三五年『人生劇場』——川端康成が「大小説」と激賞してブームに

美濃部達吉の天皇機関説は国体に反するとの国体明徴運動が、全国を席巻。陸軍省軍務局長永田鉄山が、皇道派の相沢三郎中佐に、白昼、陸軍省内で斬殺されるという事件が起きた。

菊池寛のアイディアで創設された芥川龍之介、直木三十五両賞の第一回に、石川達三の『蒼氓』と川口松太郎の『鶴八鶴次郎』『風流深川唄』『明治一代女』が決定した。

純文学と大衆文学畑の新人発掘のための両賞は、以降連綿として続き、両賞は文壇登場のフリーパスの役割を担うことになった。

映画化されること十数回、流行歌にも歌われ、戦中、戦後のロングセラーとなった尾崎士郎の『人生劇場』が、広く世に知られたのは一九三五（昭和十年）だった。

「青春篇」「愛欲篇」「残侠篇」「風雲篇」とつづく、骨太い熱血漢・青成瓢吉の生きざまを、義理と人情にからめて織り上げた大河小説だった。三三年、都新聞に連載され始めたころはさほど話題にならず、竹村書房から単行本として刊行されるに及び、川端康成が読売新聞紙上で絶賛したことから、ブーム現象を起こすに至った。

後年のノーベル賞作家は、三五年四月十六日付の読売・文芸欄の全紙面を埋めて、すこぶるつきの賞賛をしたのである。

「彼岸の中日、雪の日、（特にその日付をここに誌して置きたい程）私はよき日の思ひに溢れた。尾崎士郎氏の『人生劇場』に感動したのである。その日の後、私はこの小説とこの作者を思って幾夜か眠れず、房総の旅に出たが、まだ眠れぬ程であった。（中略）このやうな大小説が、わが文壇に生れ得たこと、余りに文壇に知られず書き続けられてゐたことが、不思議でならないということになる。実にわが国では、驚異に価する、長編小説らしいまことの大小説である。

比肩し得る作品は容易に見当るまい」

川端康成が激賞するだけあって、作者の面影を宿す正義感と侠気にあふれた青成瓢吉の、人生いかに生くべきかを求めて彷徨する姿には、大正時代のロマンと哀感がみなぎっていた。

早稲田大学に入学。折からの大隈侯夫人の銅像建設に端を発し、高田・天野両派の学長争いに発展した学校騒動に、主人公は青春の情熱を注ぎ込む。これに絡まって初めての恋を体験する。この小説の面白さは「青春篇」が圧巻となっていた。

『人生劇場』には、佐藤惣之助作詞・古賀政男作曲の主題曲があり、いまや早稲田大学の第二の校歌の面影がある。

一九三六年　『宮本武蔵』――剣一筋に生きる剣豪の生き方に人気

皇道派青年将校が、兵一千四百人余を率いて首相・陸相官邸・警視庁などを襲撃。蔵相高橋是清、内大臣斎藤実、教育総監渡辺錠太郎を殺害――国家改造を要求。昭和天皇を激怒させた二・二六事件が惹起。

その一方で、情夫を殺害してシンボルを切り取る阿部定事件が、五十数日後に起り、衝撃を与えた。しかし、建軍以来初めてのクーデター未遂事件後の痴情事件は、張りつめた国民の緊張感をほぐすガス抜きの役割となって、阿部定は人気者になった。その刑は意外に軽く懲役六年だった。

吉川英治の『宮本武蔵』は、一九三五（昭和十）年八月から東京・大阪両朝日新聞夕刊に千十三回にわたって連載され、文字通り洛陽の紙価を高からしめた大長編小説である。天性のストーリーテラーだった吉川英治のこの小説には、筋立ての面白さと共に、求道的な吉川イズムが剣一筋に生きる剣豪の生きざまにこめられていた。

日中戦争前夜の娯楽読み物が少なくなっていた時代背景もあったが、吉川・武蔵の連載一回ごとの面白さは、読者の手に届く前に、新聞社の植字工の間で圧倒的な人気をかち得ていた。

作者も「これが新聞のうえに掲載中は、不才のわたくしを鞭撻してくれた読者諸氏の望外な熱情と声援には、その過大にむしろわたくしは惧れたほどだった。新聞小説を書いて、未知辱知の人々から、こんなにも夥しい激励やら感想をうけた例は、今日までの私にはないほどだ」と、単行本になる前の三六年四月に述べていることでも、超人気小説の想像がつく。

挿絵も好評で、作者の好みで矢野橋村から途中で代わった、石井鶴三の俳画を思わせる略筆の墨画が、吉川ファンを喜ばせた。

単行本は、三六年五月から上製本六巻として講談社から刊行された。が、第一巻二万部、二巻一万五千部、三巻八千部と、連載中の評判を裏切った。しかし、四巻以後は尻上がりに売れ始めた。

ベストセラーになるのは、このあと、紺紙表紙、仮綴じの普及版八巻となってからであった。三九年秋から「紀元二千六百年」を呼称した四〇年五月にかけて刊行されたが、第一巻は十万部の初刷で、重版七万四千部に達したと『講談社五十年史』には記されている。

吉川英治の執筆姿勢が、彫心鏤骨《ちょうしんるこつ》――心身を削るようになるのは、『宮本武蔵』を起稿してからだった。秘書だった田中義一は、「徹夜明けの早朝、先生が寝屋へ戻られたあとの書斎は、（中略）散乱した書反故《かきほご》原稿とともに、先生の体臭まで匂ってくる程、生気を注ぎこんでおられた跡がのこっていた」と書いている。

一九三七年『生活の探求』――転向者の新たな生き方に自身を投影させて

事変と模糊した日中戦争が始まった。時の首相は、皇族一門に次ぐ名家出身の近衛文麿だった。国運を左右する重大時下に、日和見主義者公家の末裔が総理だったのは不幸であった。

誉国一致体制が強化され、皇国史観を徹底させる『国体の本義』を全国の学校に配布させ、国民を等しく神がかりに囲いこもうとした。十二月十一日には、敵の首都・南京を陥落させ、提灯行列など祝賀行事を行ったが、戦いはトバ口に入ったばかりだった。

北京郊外の永定河にかかる盧溝橋で一発の銃声が響いたのは、一九三七（昭和十二）年七月七日深夜であった。その銃声が、陸軍の強硬論者たちの日中戦争拡大への口実にされてしまった。優柔不断な時の近衛内閣は、驕る軍部につきあげられて、「暴支膺懲」に踏み切ったのである。

しかし、戦争の発端が七月だったこともあり、きな臭い匂いはその年の活字にまでは反映されず、島木健作の『生活の探求』、石坂洋次郎の『若い人』、永井荷風『墨東綺譚』、志賀直哉『暗夜行路』、川端康成『雪国』といった昭和期を代表する文学作品が顔をそろえるというシニカルな展開となった。

正・続で百万部を超える島木健作の『生活の探求』は、文芸出版として台頭著しい河出書房から「書き下ろし長編叢書」の一冊として刊行された。共産主義者、社会主義者などが、権力の強制でその主義を放棄して転向後、いかに生きるべきかを追求した文学作品だった。

二八年の「三・一五」事件で検挙され、公判廷で転向を声明した島木健作（本名朝倉菊雄）は、権力の前に敗北を余儀なくされた屈辱を文学の領域で克服すべく、新たな生き方をまさぐっていた。『生活の探求』は、その生き方を活字の上で具現化したものだった。

東京の学生生活に不信を抱いた主人公の杉野駿介は、讃岐の故郷へ帰って農民とともに新しい生活にはいった。厳しい労働を通じ、葉煙草栽培を生活のよりどころにする農民のために、彼は煙草畑の増反を図って成功し、新たな生活に自信と勇気を抱く。

続編は、農業の厳しい現実に、束の間の成功をたちまち覆され、根本的なプログラムに欠けた甘さを思い知らされる。小説は青年層から強い共感をもって迎えられた。

島木健作は、日本が無条件降伏をした一九四五（昭和二十）年八月十五日の二日後の夜、鎌倉養生院で「これからだ」という言葉を最後に死去した。死因は肺結核で、まだ四十二歳だった。

言論の自由となる敗戦二日後に「これからだ」の遺言は、島木健作の無念さを象徴しているようだった。

彼の真摯な「生活の探求」は、未探求に終わったことになる。あゝ……。

一九三八年　『麦と兵隊』——銃後の国民に支持された徐州会戦従軍記

近衛内閣は、対中和平交渉を打ち切り、国家総動員法を成立させ、戦争は拡大の一途を辿った。戦闘そのものは日本優位に進み、大本営が徐州作戦を命じて占領、武漢三鎮も攻略して、戦いの帰趨は決まったかに見えた。

だが、中国は重慶に首都を移し、抗日の姿勢を崩さなかった。国共合作した中国は、巧みな外交戦略でアメリカから援助を仰ぎはじめていた。彼らには時間を稼いでいれば、米英が味方につく確信を持ち、駐米大使だった胡適は「日本切腹中国介錯論」を唱えて、日本敗戦を予言していた。

「支那事変」と呼称された日中戦争が二年目に入ると、軍部の出版物への検閲はあからさまになった。最初の犠牲になったのは、石川達三の『生きてゐる兵隊』だった。一九三八（昭和十三）年三月号の「中央公論」に

発表されるや「虚構の事実を恰も事実の如くに空想したのは安寧秩序を紊す」と、発禁処分にされた。特高は家宅捜索で、スタンダールの『赤と黒』さえ持ち去ったという。

この事実は、戦争を描く場合、「フィクションだと『安寧秩序』を紊す」の論法になり、ひたすら事実のままをルポルタージュする以外に、表現の方法はないということになる。

その期待を担って登場したのが、火野葦平であった。彼は事変前に発表した『糞尿譚』によって、第六回芥川賞を応召中の杭州で、特派された小林秀雄から受け、一躍、存在を知られた作家だった。兵隊の位は伍長だったが、芥川賞受賞を機に中支派遣軍報道部に転属された。

ほどなく、中国軍を東西に分断し、屈服させようとする徐州会戦がはじまった。火野は、この会戦に従軍し、戦場で見聞した兵士たちの戦う姿を、作戦終了後、上海に戻って短時日で書き上げたのだった。

「徐州会戦従軍記」のサブタイトルが『麦と兵隊』であった。総合雑誌「改造」三八年八月号に発表された後、戦友同士がたばこの火を分かち合う中川一政の装丁で出版された。簡潔な文体で戦場の様相が見事に描かれていて、銃後の国民に圧倒的な勢いで読まれたが、日中戦争を〝聖戦〟と喧伝する軍部の睨みで、日本軍の苦境や作戦の全貌を書くことは許されず、〝皇軍〟である日本軍の将兵は、人格高潔で沈着にして勇敢でなければならなかった。

『麦と兵隊』につづいて『土と兵隊』『花と兵隊』が相次いで発表され、総計３００万部を超える大ベストセラーになった。

一九三九年　『大日向村』――満州に活路を求めた村の苦悩

日中戦争が泥沼に入った一方、満州と外蒙との国境付近のノモンハンでソ連軍と武力衝突し、圧倒的な戦力に惨敗した。しかし、欧州で第二次大戦が始まったため、停戦協定が成立。その後独ソ不可侵条約が調印されるなど、複雑怪奇な国際状況に巻き込まれた。

満蒙開拓青少年義勇軍、開拓移民が続々と満州に渡り、張り子の虎・関東軍を頼りに理想郷を築く幻想を抱いた。

近代装備のソ連軍と初めて交戦し、惨敗した教訓を生かしておれば、この二年のちに雲泥の戦力差の米英と戦端を開くことはなかっただろう。

農民作家・和田傳の『大日向村』は、日中戦争の勃発によって国民の目が大陸に注がれはじめた時代を背景に、信州の山村に生きる人々が、満州といわれた傀儡国家に分村を開くまでの経緯を、リアルに描いた長編小説だった。

小説は冒頭で、村民が王道楽土を夢見て満州へ移民せざるをえない苛酷な地勢を描き、「半日しか太陽を見ない谷底の村で、六反一畝を耕作し、しかも土地は痩せ、寒冷のためまったく一毛作しかできなく、それで生計が立つとは常識では考えられない」と書いていた。

村の窮乏を救うべく、上京したまま戻らない往年の村の分限者・浅川武麿を、懇願して帰村させ村長に推す。浅川は村政を子細に検討したうえで、究極の立て直し策として、満州へ移民する分村策を選ぶのである。

長野県は、すでに全国に先駆けて一九三二（昭和七）年から、県民を満州へ送り出していた。人も知る山国のこの県は、耕地面積が少なく、一戸当たりの平均耕作面積は八反二畝（約八十二アール）、それも「山の頂きまできはめつくした揚句」の数字である。大日向村は、それに輪をかけた狭隘の寒村であった。浅川村長は村の厳しい現実を前に、「百五十戸が満州へ移住して、新しい大日向村を建てよう」という選択をした。

土に執着して生きる農民を描いてきた和田傳が、大日向村の分村を耳にして、「この画期的な大事業の幾分でも伝えることができたならという気持ちと、幾分でもひろく伝えなければならぬ」という気持ちでこの小説を書き下ろしたのは、三九年だった。

出版元は朝日新聞社。小説は映画化され、満州開拓移民への夢を煽る結果となった。

山国の長野県は、耕地が狭隘《きょうあい》であったため、戦前、満州へ開拓移民を最も多数、送り出した県であった。

村の半分が満州へ移民した大日向村は、当時は、模範村とたたえられたが、同県の南端泰阜村も分村して、多くの開拓移民を送っていた。

開拓民の戦後は壮絶で、泰阜村の例では妻が満州人と結婚し、夫は弟と偽ってその家の作男になって生きのび、帰国していた。

小説『大日向村』の刊行元が、朝日新聞社だったことも、今昔の感がある。

一九四〇年　『如何なる星の下に』——浅草をバックに転向作家の心象風景を

ベルリンで「日独伊三国同盟」が調印され、一国一党の大政翼賛会が発足した。

日本はこの年、架空の神武天皇建国から数えて紀元二千六百年になると、皇居外苑で五万五千人を集め記念行事を行った。

ヨーロッパでは、梟雄ヒットラー率いるドイツ軍がフランスを占領。ヒットラーの『我が闘争』が翻訳されて、日本でも三十万部のベストセラーになった。

刊行元の出版社はこの著書を、「確信に充ちたナチ綱領であり、ドイツの進むべき大方針の書であり、ドイツ人の聖書である」と喧伝した。

一九四〇（昭和十五）年は、架空の神武天皇から数えて、紀元二六〇〇年になるとされた。アジアの覇権を求める島国・日本は、独伊両国と三国同盟を締結し、国内では政党を解消し、十月に大政翼賛会を成立させ、あらゆる部門を新体制化させた。

言論と出版の自由を侵す思想統一の中心機関「情報局」が設置されるが、ここは内閣情報部の権限をさらに拡大強化した一大機関で、報道統制から宣伝・取り締まり・検閲を一手に握った。

高見順の長編小説『如何なる星の下に』は、この硬直化した表現の厳冬期に、文芸出版の老舗・新潮社から出版された。絵入りの箱に入った本で、左翼思想の影響を受け、過去に転向歴のある作家の心象風景を、浅草の猥雑な風俗を通して饒舌な文体でつづっていた。

浅草の五一郎アパートに仕事部屋をもった倉橋なる小説家が、お好み焼きの「惚太郎」に出入りする踊り子の生態や、落魄した芸人の去就をめんめんと描いた小説だった。高見順は前作

『故旧忘れ得べき』で、大学時代、学生運動を、卒業後は一サラリーマンになって、小市民的な生活を送っている人物の、ふとしたきっかけでデカダンに走る生活を描いていたが、『如何なる星の下に』は、この流れを継承していた。

同期の石川達三や丹羽文雄が、『生きてゐる兵隊』や『武漢作戦』を書いているとき、浅草の風俗を描く高見の姿勢は、時の権力者へのひとつの抵抗だったといえる。

タイトルは、高山樗牛の「如何なる星の下に生れけむ、われは世にも心よわき者なるかな」に拠っていた。

「われは世にも心よわき者なるかな」の高山樗牛の詩を援用した高見順だったが、四半世紀後に人生の最後に戦慄すべき詩集『死の淵より』を書いている。

食道ガンの手術を四回も受け、二年間、壮絶な闘いをして、一九六五(昭和四十)年八月十七日、全身ガンによる心臓衰弱で死去している。五十八年の生涯だった。

一九四一年『路傍の石』――干渉で執筆中断の作品をあえて出版

太平洋戦争が始まったこの年、世界の動向は複雑怪奇に過ぎた。四月十三日、日ソ中立条約調印。六月二十二日、独ソ戦勃発。六月二十八日、日本軍が南部仏印に進駐開始。七月、七十万人の兵力を動員して満州で関東軍特別演習を実施した。

南部仏印進駐に対し、アメリカは在米日本資産を凍結、つづいて対日石油輸出を全面停止してきた。日米交渉でハル・ノートが提出されたが、日本に無条件降伏を迫るテの内容であった。十二月八日、真珠湾奇襲攻撃が行われた。

太平洋戦争に突入する一九四一（昭和十六）年に入ると、文化統制をもくろむ内閣情報局の権限は絶大となった。時局認識の薄い者には執筆禁止を下す。気に入らない掲載記事は発禁に追い込む。そんなことが日常茶飯事になった。

新聞・出版関係者がなにより怖れたのは、紙の配給を止められることだった。紙がないことには、本も雑誌も出すことができない。検閲におびえ、差し迫った用紙事情に頭を抱えた出版社が、窮余の一策で考えたのは情報局に覚えのめでたい現役軍人らに原稿を依頼して、用紙の割り当てを増してもらうことだった。しかし、読者はその種の官製原稿で埋めた雑誌や出版物に対しては、おのずと選択眼を働かせた。

ベストセラーにそれは顕著で、お仕着せのおもしろくない本には手を出さなかった。四一年の時点で、山本有三の『路傍の石』が話題の本となっていた。三七年一月から六月まで「朝日新聞」に連載され、続編を「主婦の友」に引きつがれた山本の自叙伝的作品だった。

十三代も続いた旧家だったが、いまは零落した家に生まれた愛川吾一は、成績がいいのに中等学校へも進めない。そんな彼が小僧奉公に出されて世の荒波にもまれながら、向学心に燃えて、力いっぱい生きていく姿を、分かりやすい文章で書いていた。

しかし、吾一の成長につれて、小説のなかに社会主義者が登場してきたことから、官憲ににらまれ、「……時代の認識に調子を合わせようとすれば、ゆがんだ形のものを書かなければならないとすれば、わたしは断然、自分のペンを折る以外に道はない」と、執筆を中断してしまった。

その中途半端な作品を、岩波書店が四一年に刊行したのだった。

山本有三の小説のタイトルは、『女の一生』『真実一路』『路傍の石』と、人口に膾炙するものが多い。

郷里の栃木市にある山本有三文学碑には、『路傍の石』の一節「たったひとりしかない自分を／たった一度しかない一生を／ほんとうに生かさなかったら／人間、うまれてきたかいがないじゃないか。」が刻まれている。

一九四二年『海軍』――真珠湾に散った若き「軍神」の青春を追う

緒戦、破竹の進撃で一月二日マニラ占領、二月十五日、イギリスの東洋の拠点シンガポール占領したが、四月十八日アメリカ空軍に東京、川崎、名古屋、神戸が初空襲された。

山本五十六連合艦隊司令長官は、日本本土が空襲されたことに衝撃を受け、ミッドウェーに出撃。暗号を解読されて先制攻撃をかけられ、空母四隻を失う大敗を喫した。

ガダルカナル島攻防戦にも敗れ、日本軍の後退が目立ち始めた。戦いが長びけば敗れるという山本五十六の予言は、早くも適中し始めていた。

しかし、軍部は情報を制限し、国民に敗け戦の事実を知らさなかった。

太平洋戦争の劈頭、真珠湾を奇襲攻撃して挙げた大戦果は、日本国民を狂喜させた。空からの攻撃と同時に、特殊潜航艇五隻による海中からの攻撃も大本営から公表されたが、戦死した岩佐直治大尉以下、四人の将校と五人の下士官の名前が、二階級特進で、「その偉勲を永久にたたえる」と発表されたのは、一九四二（昭和十七）年三月六日午後五時のニュースであった。

大本営発表では、「軍神」という表現は用いられていなかった。が、各新聞は競って「九軍神」と書きたて、菊池寛、吉川英治、佐藤春夫らの高名な作家や詩人が、最大級の言辞で九軍神を賞賛した。

獅子文六のペンネームで婦人雑誌にユーモア小説を書いていた岩田豊雄は、九軍神のひとり、鹿児島市出身の横山正治中尉（死後、少佐に特進）をモデルに「軍神誕生物語」を、小説『海軍』のタイトルで朝日新聞に連載し始めたのは、同年七月一日からだった。

海軍の要請を受けて筆を執ったものだったが、岩田は開戦の日の感動を胸に深くとどめていて、「誰もが、あの日ほど、真面目な、謙遜な気持を、持ち続けたら、人間の生涯も、たいがいの難局を、打ち破れるだろう」と考えていた。

その思いに立つとき、いずれも二十歳そこそこの若者だった九軍神の自己犠牲の美しさと、国に殉じた至誠にうたれ、軍神のひとりをモデルに、その青春をとおして、日本海軍の伝統的な精神を描きたいと念じたのだった。周辺では、軍神の小説化に危惧の念を抱く者が少なくなかった。

連載が始まると、主人公の谷真人の像に作者の思いが乗りうつり、清新な青春文学の傑作となった。

朝日新聞の発行部数は、この連載によって、飛躍的に伸びたと伝えられる。

一九四三年　『海戦』――「情痴の作家」が描いた迫真のルポ

陣頭指揮の山本五十六大将が戦死。アッツ島の守備隊が玉砕――敗け戦が覆いがたくなっているのに、東条英機首相は十一月五、六日、東京で大東亜会議を開催。大東亜の解放と共存共栄、親和などを謳った空虚な決議を発表するノーテンぶりだった。

その一カ月後、対日戦後処理を決めたカイロ宣言が、チャーチル、ルーズベルト、蒋介石によって行われ、一週間後にはチャーチル、ルーズベルト、スターリンを加えてソ連の対日参戦を協議され、テヘラン宣言が発表された。

日本だけが蚊帳の外という崩壊前夜の悲劇だった。

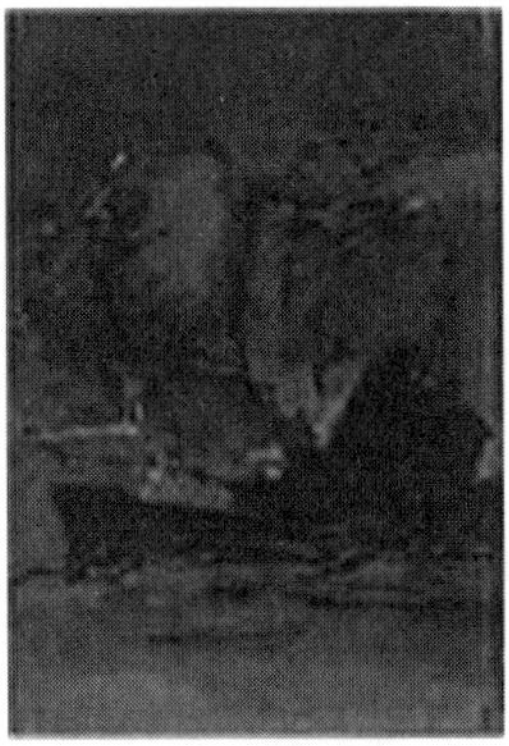

丹羽文雄の『海戦』は、太平洋戦争下の海戦の実体を写実的に伝えた傑作である。

丹羽は一九四二（昭和十七）年八月八日の夜、第八艦隊の旗艦「鳥海」に乗りこんで、ツラギ海戦に報道班員として従軍した。艦上で全身に三十数カ所の傷を負いながら、「指令塔の横で、右を見、左を見て、素人の目で、感覚で、海戦なるものをとっくりと見て」、戸惑いと驚きと感動とを、ありのままにルポルタージュしたのである。

「旗艦のはなった弾が敵艦のすぐ前のところに落ちた。ものすごい水柱をあげた。（中略）敵の姿は消えた。しかしすぐ姿をあらわしたが、敵は後半身をやられているので、操舵の自由を失っていたのであろう。体当りにつっこんでくるより他に舵がとれない。悲しい身振りであった。さかんに射って来た。泣くばかりに射ってきた」

「私のよりかかっている棚の右上、二間ほどはなれたところで、敵の砲弾が炸裂した。ガシッと、濁った大きな音がした。同時に黄色な明るいものが私の目にはいった。熱い、砂利をまじえたような重い爆風が、私を横なぐりに殴りつけた。右の上膊部に何かがとびこんできてへばりついた。（中略）右上膊部に砲弾の破片がとびこんだのは触らなくとも判った」

海戦を素人の目で描いたこの実録は、海軍大臣賞を受けたが、同時に発表された『報道班員の手記』は発禁処分となった。

戦後、丹羽文雄は『告白』で打ち明けている。

「情痴の作家が海戦を描いた。百八十度の転回である。しかしもともと信念がないのだから、与へられたものは何でも描くのである。百八十度の秘密は、案外さういうところにある」

阿鼻叫喚の戦いの場で、始終傍戦者の立場を崩さなかったのは、情痴作家のこのしたたかさだった。

一九四四年「中央公論」「改造」——横浜事件をきっかけに廃刊へ

マーシャル群島で玉砕があいつぎ、絶対国防圏とされたサイパン島が陥落したことで、空の要塞Ｂ29による日本本土空襲は必至になった。東条内閣が総辞職し、小磯国昭内閣が成立したものの、戦いを終える具体策はなかった。徒に〝聖戦目的〟の達成を期すとした国体護持の妄言のために、国破れて山河が残る敗戦の日までに、どれだけの犠牲者が出たことか！〝十死零生〟の神風特攻隊の攻撃が開始され、前途ある若者が死んでいった。敗戦までに出動した特攻機は陸海軍あわせて二四八三機に及んだ。翌年八月十五日の敗戦までの惨状は、書くに忍びない。

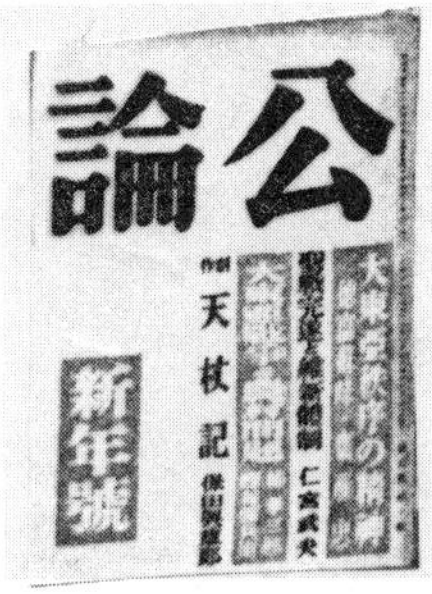

総合雑誌の双璧、「中央公論」と「改造」の二誌に、情報局から「戦時下国民の思想指導上許しがたい事実がある」と、自発的廃業の勧告があっ

たのは、一九四四（昭和十九）年七月十日である。日本出版史上、最大の暗黒事件として残る「横浜事件」の最後の仕上げであった。

「横浜事件」とは、受難者のひとりで出版人の美作太郎の定義によると、「東京を中心とする三十余名の言論知識人が、横浜地方検事局思想検事の拘引状を携えた神奈川県の特高警察陣によって、検挙投獄された事件の総称であり、被検挙者の所属は、研究所員や評論家を含めた主として編集者よりなり、ジャーナリストであるところに特徴があった」ということになる。

「従って事件は多岐に分かれ、その間の連関は極めて乏しく、むしろ複数のケースを時間と地域の同一性から『横浜事件』と総称しただけで、強いてこれらの事件の共通性を求めるならば、それは増大する戦況の不利と、国内情勢の不安のために凶暴化した天皇制警察が、軍国主義的絶対権力を傘に着て、ジャーナリズムの抵抗線に襲いかかったという事実のなかに見るほかはないだろう」と敷衍する。

事件の発端は、かねがね危険思想の持ち主として、特高にマークされていた評論家の細川嘉六が「改造」（四二年八・九月号）に発表した「世界史の動向と日本」の論文内容にあった。細川は家宅捜索を受けるが、没収を受けた物件の中の富山県泊町で歓談した折に撮った編集者と新聞記者の写真を「日本共産党の再建を協議した秘密会合」と推定、該当者を片っ端から検挙して、拷問につぐ拷問で虚構の事件をでっちあげてしまったのである。

中央公論社と改造社は、七月末に解散を余儀なくされた。大日本帝国が連合国に無条件降伏するのは、この一年後であった。

朝日新聞は、敗戦後の一九四五（昭和二十）年十月九日「中公「改造」の解体の実相を報道している。

この新聞は、戦時下、戦争に最も協力的だったが、戦いすんで日が暮れた後に「国民と共に立たん」を宣言していた。

「開戦より戦時中を通じ、幾多の制約があったとはいへ、真実の報道、厳正なる批判の重責を十分に果たし得ず、またこの制約打破に微力つひに敗戦にいたり、国民をして事態の進展に無知なるま、今日の窮境に陥らしめた罪を天下に謝せん……」

と詫びたのである。

第四章　百花繚乱の昭和戦後

一九四五年　『日米會話手帳』――敗戦国民、米語に殺到

日本は、一九四五（昭和二十）年八月十五日を境に、コペルニクス的転回をとげた。昨日まで〝鬼畜〟とののしった米英が、自由解放の救世主のように喧伝され、占領軍は〝進駐軍〟として双手をあげて歓迎されたのである。

『窓ぎわのトットちゃん』出現まで、戦後最高のベストセラーと謳われた『日米會話手帳』は、日本史上未曾有の無条件降伏という敗戦を背景に誕生した。

あわただしい刊行の経緯は次の通りだった。

『日米會話手帳』は、敗戦わずか一カ月後の四五年九月十五日に発行された。四六半載・三十二ページの小冊子で、日常の挨拶から始まって、道を聞かれた際の教え方、数の数えかたなど、きわめて簡単な会話が七十九例載っているにすぎなかった。

生みの親は、誠文堂新光社の創業社長小川菊松だった。

彼は、旅行中の千葉・岩井駅で天皇の「重大発表」を聞き、東京に戻る汽車中で、この出版

を思いたったのだ。

小川には、二十二年前の関東大震災の直後、『大震大火の東京』をいち早く発行して、大ヒットさせた経験があった。「考えたことを早く実行に移す、これがどんな事業でも必要であるが、特にこういう場当たり出版においては欠くことのできぬ要素」(『出版興亡五十年』小川菊松著、同社)と考える彼は、社員の加藤美生に命じて、例文をつくらせ、それを東大生に三日間で英訳させた。

初版三十万部が出来上がると、彼は、定価を五十銭にする予定で、取次に見本を持って行った。仕入部長は「百万部買う。しかし定価一円にせよ」と提案したが、五十銭でも儲かるのに、一円ではあまりにもボリすぎると、間をとって八十銭に決め、発行した。
発売するや、注文が殺到した。日英とせずに日米会話としたこと、薄っぺらで安直、いかにもすぐ役立ちそうな新鮮さが受けて、年末までの三カ月半に三百六十万部という、空前のベストセラーになった。
ベストセラーに不可欠の条件であるタイトル・テーマ・タイ

ミングという〝3T〟が、ぴったり合った僥倖の勝利であった。

『日米會話手帳』の余波は、平川唯一の「カム・カム・エブリバディ」で始まるNHKラジオの「英語會話」ブームにつながった。

毎週月曜から金曜までの午後六時から十五分間の放送だったが、十六歳で渡米し、苦学した平川のタタキあげ英会話は、実躍的でわかりやすく、そのテキストは毎回五十万部も売れた。同放送は、一九五一（昭和二十六）年三月まで、五年間にわたって続けられた。

また、『日米會話手帳』には、後日談があり、品不足だった用紙が、うなぎ昇りに値上がりするや、小川菊松は、「莫大なストック用紙を、会話手帳に使わなかったら、どんなに儲かったか……」と後悔したとか。

一九四六年　『旋風二十年』——十五年戦争の内幕を暴露

〝神国日本！〟

無謬神話にいろどられた昭和前史が、間違いだらけの偽りにみちた歴史でしかなかったと知らされるのは、ＧＨＱによってである。

英米蘭国らから、植民地化されたアジアを解放する〝正義〟のための聖戦と教えられていた十五年戦争が、帝国主義日本のおしすすめた侵略戦争であった――と知らされたのだが、いち早くその事実を伝えてくれたのは、ビビッドなタイトルの『旋風二十年』だった。

「解禁昭和裏面史」のサブタイトルのついたA5版、上巻百七十五ページ、定価四円八十銭の『旋風二十年』は、一九四五（昭和二十）年十二月に刊行された。敗戦の日から四カ月後。書籍である以上、どんなに急いでも、ひとりの筆者では不可能であった。鱒書房はそれを、毎日新聞社の社会部長森正蔵を著者に立て、アッという間に刊行に漕ぎ着けたのだった。

資料豊富な新聞社をバックに、旧東亜部記者が手分けをして書き、森が全体の流れを整えて、急ぎ上梓したきわもの本だった。

企画は、増永善吉社長だった。彼も『日米會話手帳』の小川菊松のように、疎開先の伊豆で八月十五日の天皇の放送を聴き、真相を知らされずここまできたことに憤りを感じて、昭和史の真相を出版したらどうだろうと、考えたのである。

画家の東郷青児の紹介で毎日新聞社に渡りをつけ、数回の打ち合わせの後、執筆分担を決めて、「十五年戦争」の発端となった張作霖の爆死事件から説きおこし、敗戦に至るまでの十四章を、局面ごとに、政治・社会的なトピックスで語ってい
く方法をとった。

折からGHQの指令でNHKのラジオ番組に「真相はかうだ」をスタートしていた。日本の侵略戦争の内幕を、一方的に暴露するルーティンものだった。

タイトルは二転三転後『旋風二十年』に決まった。十二月十五日に発売すると、活字に飢え、お上の情報操作に怒っていた一般国民は、ワッと押しかけて、初版十万部はたちまち売り切れになった。続く下巻とともに、八十万部を超えるベストセラーになった。

『旋風二十年』が、文字通りの旋風を巻き起こした敗戦直後は、すさまじいインフレ下にあった。通貨の量が激増したため、貨幣価値・金利が下がって、物価が暴騰する現象で、米の小売価格十キロの値段は、一九四五年・三円五十七銭一厘、四六年・二十円十一銭三厘、四七年・七十六円三十四銭二厘、ヤミ米は十二倍だった。

『旋風二十年』の上巻が、百七十五頁、定価四円八十銭だったのが、二カ月後に刊行された下巻は、百八十頁で定価九円八十銭と、頁数が五頁多いだけで倍の値段になったのは、インフレの故だった。

一九四七年　『愛情はふる星のごとく』――透徹した世界観と愛情と

〝愛と死〟は、人間の生と死をシンボライズしているが、その愛情を頭に冠した『愛情はふる星のごとく』が、刊行されたのが、極東国際軍事裁判（東京裁判）が始まった年の秋であった。ソ連スパイの手先になって〝売国奴〟とされ、太平洋戦争末期に死刑となった尾崎秀実の、獄中から妻子ととり交わした書簡集で、一人の人間が〝国賊〟から〝救世主〟に一変する役割をはたした本である。

一九四六（昭和二十一）年五月三日から始まった東京裁判は、戦勝者が敗者を一方的に裁いた政治裁判であったことは否めない事実であった。だが、その進行につれて、隠ぺいされてきた昭和の歴史的事実が、国民の前に、次々にさらけ出されていった。

尾崎秀実の『愛情はふる星のごとく』は、一夜で人間の評価を転換させた希有な一書であった。ゾルゲ・スパイ事件に連座して検挙され、三年後の四四年五月七日、東京拘置所の絞首台で、四十三年の生涯を終えた尾崎秀実だった。

つまり、尾崎は、敗戦の日まで〝売国奴〟とののしられ、国賊のレッテルを貼られた男だった。それが一転、日本を戦争から守ろうとした民族主義者との評価に変わり、平和を希求した民族の英雄と考えられるようになったのである。

敗戦を境に、これほど評価に振幅の生じた人物の書簡集が、注目を浴びないはずはなかった。初版一万部はすぐに売り切れ、以後、毎月一万部ずつ増し刷りを続けた。ジワジワと読者が増えていった理由は、尾崎の透徹した世界観と、妻子への偽りのない愛情が感動を呼び、口コミでひろがったからである。四八年までの二年余で二十万部のベストセラーになった。

タイトルは、敗戦直後の日本女性がもっとも欲していた「愛情」という言葉を巧みに用いていた。

それは書簡集の次の一節からとられていた。

「わが生涯をかえりみて、今燦然と輝く星の如きものは、実に誠実なる愛情であったと思います」

尾崎秀実と共に、ソ連コミンテルンのスパイであったリヒャルト・ゾルゲも、絞首刑になっているが、死刑に立ち合った特高の湯田多聞は、ゾルゲが「赤軍　国際共産党　ソヴィエト共産党」と日本語でつぶやき、平然と刑に服したと伝えている。

ゾルゲより「日本北進せず」の情報を得たため、ソ連は極東軍を独ソ戦に投入できたわけで、彼の功績は数個師団に相当していただろう。

一九六四年十一月五日、ソ連はゾルゲに最高ソ連英雄勲章を贈っている。

一九四八年　『斜陽』――貴族の没落に生きざまを投影

その四十年足らずの人生で、再三、自殺を計り、二度は情死で一人の女性を死なせたスキャンダルまみれ破滅型作家――というのが、敗戦直後一大流行作家となった太宰治への評価だった。

青森一の素封家に生まれ、何不自由なく人生を全うできる境遇にありながら、デカダン生活を重ねて、いずれは不慮の死をとげるだろうの予感のある作家であった。

不幸な予感は、ほどなく現実となった。

太宰治が、愛人の山崎富栄と玉川上水に身を投じたのは、一九四八（昭和二十三）年六月

十三日である。死にさかのぼる半年前に新潮社から出版した『斜陽』が版を重ねているさなかの情死であった。『斜陽』はそのスキャンダラスな話題に増幅されて、売れ行きに一段と弾みがつく格好となった。

『斜陽』は、そのタイトルが暗喩しているように、敗戦後の激変による貴族階級の没落を描いた、日本版の「桜の園」であった。ヒロインかず子のモノローグ形式でストーリーは進むが、彼女は没落した貴族の出戻り娘で、ノーブルな母と伊豆の山荘で世捨て人のような生活をおくっていた。

そこへ弟の直治が南方から復員してきて、母娘の静穏な生活がにわかに乱されることになった。直治は退嬰的作家、上原二郎らの放埒な生活に加わり、身を持ち崩していく。姉のかず子はかねてから上原に心を寄せていて、肉体関係を結び、子を宿す。

ストーリーを追っていくと、『斜陽』には、太宰治の生きざまが透かして見えるようだった。太宰は、その死の直前に『人間失格』を書き上げ、さらに絶筆となる「朝日新聞」の連載小説「グッド・バイ」を十三回まで書いていた。

自らの最後となった作品にこのようなタイトルをつけるあたり、覚悟の自死であったことが感じられた。

作家の死に加速され『斜陽』は、ベストセラー街道を突き進み、〝斜陽族〟なる言葉を流行させた。

『斜陽』はロングセラーとなり、新潮文庫の売れ行き順位では、世紀末年の時点で第七位。一位はやはり太宰の『人間失格』であった。

太宰治は、情死によって一躍知られた存在になり、ベストセラーを連発する。〝人間合格者〟になったといえよう。

一九四九年『この子を残して』——「長崎の聖者」の感傷的な遺文

長崎へ投下された一発の原子爆弾は、無辜《むこ》の民七万人余を殺戮し、十万人を越える重軽傷を出させた。

永井隆博士も、重傷を負った一人だったが、彼が『この子を残して』この世を去ったのは、一九五一（昭和二十六）年五月だった。

この子らは、当時、高校一年生と小学校四年生だった。旦夕《たんせき》に迫った余命を前に、残していく二児へ綴った感傷的な手記は、ベストセラーの要素を充分に備えていた。

一九四五（昭和二十）年八月九日、長崎に投下された一発の原爆は、エキゾチックな港町を一瞬のうちに灰燼に帰さし、おびただしい無辜の市民を巻き添えにしていた。

長崎医大で放射線医学を研究中の永井隆博士も、被爆者の一人だった。

永井には、妻の緑との間に誠一と茅乃という幼い二児があった。二人は郊外の祖母の家に疎開していて助かったが、爆心地からは七百メートルの場所にいた緑は、ひとかけらの骨とロザリオの鎖を残し、天に召されていた。

妻を失い、被爆によって白血病がさらにすすんだ永井は、焼け跡にわずか二畳の如己堂を建て、二児とともに病床生活を送ることになった。敬虔なカトリック信者であった彼は、長崎の惨禍と被爆で苦しむ自らの立場を神の摂理と考え、病床にあってひたすら、原子病、原爆体験、そして死後に残される二児の行く末を案じて膨大な原稿を書き綴った。

『この子を残して』は、『長崎の鐘』『亡びぬものを』『ロザリオの鎖』に続く著書であった。

四八年暮れに、講談社から出版されたが、その愛児によせる切々たる父性愛が、戦争で肉親を失った人々の深い共感を呼び、読者の涙を誘って、三十万部を超えるベストセラーとなった。

「うとうととしていたら、いつの間に遊びから帰ってきたのか、カヤノが冷たいほおを私のほおにくっつけ、しばらくしてから、

『ああ、…お父さんのにおい…』

と言った。

この子を残して―この世をやがて私は去らねばならぬのか！」

涙を誘う書き出しで始まる感傷的な「長崎の聖者」の遺文だった。

〝長崎の聖者〟に祀り上げられた永井隆の、わずか二畳の如巳堂には、長崎へ巡幸した折に昭和天皇、三重苦の聖女ヘレン・ケラーが訪問していた。

ローマ法王ピウス十二世からも「永井博士は日本国家の亀鑑《きかん》である」とまで祝福されていた。

永井隆は、一九五一（昭和二十六）年五月に昇天しているが、それから六十五年後の二〇一六（平成二十八）年五月二十七日、アメリカのオバマ大統領が、日本に最初の原爆を投下した広島の平和記念公園を訪れ、慰霊碑へ献花している。

戦争を放棄した新憲法下――七十年つづいた平和の歳月が克ちとった成果であった。

一九五〇年　『きけ　わだつみのこえ』――国に殉じた戦没学徒の血涙の書

『きけ　わだつみのこえ』は、いまや古典的評価を得ている。その証左は、一九五九（昭和三十四）年にカッパ・ブックスに収録されているし、古今東西の古典のみを組み入れている岩波文庫の一冊に加えられているのである。

敗戦から日の浅い一九五〇（昭和二十五）年当時に、あわただしく刊行された戦没学徒の赤裸々の手記に古典の評価が下されたのは、大きな夢と未来を持った二十代そこそこの若者が、理不尽な戦争によって、強制的に死に追いやられた痛みの代償だった。

日本戦没学生の手記『きけ　わだつみのこえ』は、学業なかばで戦場に赴き、断ちがたい生への執着、思想的な悩みに悶え苦しみながら、最後には一切を放下して、国のために殉じた若者たちの血涙の書であった。

太平洋戦争が泥沼化した一九四三（昭和十八）年秋、東条首相の号令で、理工系以外の大学・高専生の徴兵猶予が停止された。本書に登場するのは、こうして在学中に軍隊に送り出された学徒兵の遺書であった。

このタイトルで四九年十月に東大協同組合出版部から出版され、翌年にかけてベストセラーになるが、『わだつみ』の形になる前に、実は〈「はるかなる山河に」―東大戦没学生の手記〉として、戦争末期「帝国大学新聞」に一年にわたって連載されていた。

連載中、手記は大変な反響をよび、インテリからの激励の手紙、学徒兵からの共感の手紙が机の上に山となった。それを戦後、タイトルを『はるかなる山河に』と同題で出版したところ、またたくまに一万部に達する売れ行きとなった。

ところが、〝戦中思想〟が横溢しているとの批判が相次いだため、編者はこの本を絶版にし、新しい出版をくわだてたのである。

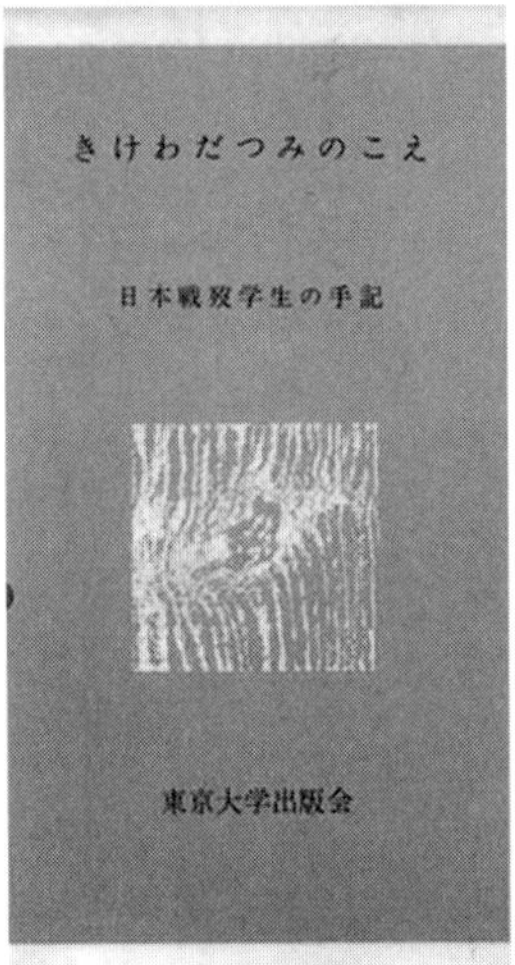

この時、東大ばかりでなく、学徒出陣した全国の大学、高専の戦没学生の手記を集めようということになり、新聞、ラジオを通じて遺稿を募ったところ、三百九人が応じてきた。その中から七十五人を選んで、『きけ　わだつみのこえ』とタイトルを改めた。

出版元には宣伝する力もなかったが、血の滴り落ちるようなこの書物は、戦争の理不尽さに怒りを持った戦時下に生きた人々の共感を得て、二十数万部のベストセラーに躍り出たのであった。志なかばで逝った戦没学徒の無念は、幾分、慰藉《いしゃ》された感があるが、生き永らえた故に、汚名を残しても、生きたかったのが、彼らの本意だっただろう。

一九五一年『少年期』――ベストセラーづくりのノウハウを編み出す

「カッパ・ブックス」を創刊して、ベストセラーを恒常的に刊行するノウハウは、出版界の梟雄神吉晴夫の『少年期』の成功で編み出されたものだった。

〝創作出版〟と名づけられたその手法とは、読者層の核心を二十歳前後におき、時宜を得た企画をたて、その企画にふさわしい適切な著者を発見し、原稿の完成まで著者と苦労を共にする。そして、その苦労の成果を宣伝によって、その本にふさわしい読者に広めるということだった。

アメリカでつくられた「ベストセラー」という言葉を、事実上日本に帰化させたのは『少年期』の出版企画者・神吉晴夫であった。

『少年期』は、児童心理学者・波多野勤子と長男の間に取り交わされた、敗戦前後四年間の書簡集で、教育活動に多忙な母親が、反抗期にさしかかる長男と、ゆっくり話し合えないため手紙でのやりとりを思い立ち、取り交わした七十五通を収録していた。

四六判の上製、タイトルも『少年期―母と子の四年間の記録』という地味な本だったが、一躍ベストセラーになったきっかけは、朝日新聞のコラム「青眼・白眼」で「あとむ・D」なる匿名氏に「読者は二人（母と子）に感謝しなくてはならない。純情で感じ易い少年の世に処する悩みを、そう明な真心と愛をもって指導して行くその径が赤裸々に語られている。あらゆる人に読ませたい尊い記録である」と激賞されたからだった。

辛らつをもって鳴るコラムでベタぼめされて、勇気づけられた神吉晴夫は、初版五千部の『少年期』に次のとおりの手を打ったのだった。

「会社のあり金ぜんぶはたき、ただちに二万部相当の宣伝費をかけて、大新聞に広告を出した。むろん朝日新聞の『青眼・白眼』のコラム記事を全文転用することを忘れなかった。その年の年末には、そのころ珍しかった電車の中吊り広告もやった」

この大宣伝によって『少年期』は、社会現象の様相をも呈しはじめた。発売後半年にして、四十万部を突破し抜け眼のない出版人に、ベストセラーづくりのノウハウを編み出すきっかけをつくった。

『少年期』でベストセラー商法を編み出した神吉晴夫は、唯我独尊の末、出版界の〝裸の王様〟になり下がった。

その高慢専制的な言動は、ついで労使問題に波及し、社を追われることになった。自らの姓を冠した「かんき出版」を興した直後に死去し、計り難い人生を象徴させた。

一九五二年「平凡」――イメージチェンジで百万部雑誌へ

「平凡」は、戦後の出版界でいの一番に百万部雑誌になっている。冴えない文芸雑誌から、判型を変えて、〝歌と映画の娯楽雑誌〟になり、人気スターを表紙に使うことで、大衆にアッピールするコツをつかんだのである。

清水達夫編集長は、「表紙は雑誌の顔である」を編集のモットーにかかげ、次々に創刊する雑誌の表紙のオリジナリティに、編集生命を賭けた。社名を凡人社から平凡出版、そしてマガジンハウスに変えたことに、意気込みを読む。

戦後の雑誌で、最もドラマチックな道をたどったのは、出版には素人の青山虎之助が創刊した「新生」と、岩堀喜之助の「平凡」であった。どちらも敗戦から日の浅い時期にスタートしているが、「新生」は流星のように短い運命をたどり、「平凡」は五十年代前半に百万部の大

台を超えるミリオン雑誌になった。

「平凡」は、岩堀が平凡社の下中弥三郎から誌名を譲り受け、清水達夫と二人三脚で発足させたが、当初はA5判の冴えない文芸雑誌だった。

四八年に読む雑誌から見る雑誌へのイメージチェンジを図り、先行する「ロマンス」に対抗して、歌と映画の娯楽雑誌に位置づけた。判型をB5判に変え、高峰三枝子がマイクの前で歌うポーズ写真を表紙に採り入れたり、巻頭グラビアにヒット曲の歌詞と、映画スチールを組み合わせるなど、見る要素を強めてページをにぎやかに飾るようにした。

実は、この転身に、平凡出版からマガジンハウスへ（八三年）へと進む、この出版社の雑誌づくりのノウハウが秘められていた。優れたセンスのデザイナーを起用し、見る要素を誌面にあふれさせたのである。

その究極に、当時はものまね歌手と見られていた美空ひばりの表紙（写真）への登用があった。岩堀喜之助はその理由を、「悲しき口笛」の試写会の折に見せた「見上げた芸人根性に惚れ、この人はホンものだ。『平凡』と平行に行こうやと、ひばりに力を入れるようになった」と語っている。

「平凡」が戦後雑誌として初めて百万部に達するのは、五二年から五三年にかけてだった。この出版社の次々に生み出す雑誌がユースカルチャーをリードするのは、五十年代後半に入ってからだった。

しかし、生きものである雑誌に永遠はない。「平凡」は昭和三十年代に入って休刊になった。いっぽう、美空ひばりも、昭和の終焉と共に死去している。

一九五三年『光ほのかに』――十三歳少女の〝心の友〟への告白

ベストセラーは、タイトル・テーマ・タイミングの〝3T〟が、動かし難い要素である。『隠《ヘット》れ家《アフテルハイス》』の原題の、ユダヤ人少女の日記が半世紀を越えるロングセラーになっているのも、日本で翻訳出版をする折に、『光ほのかに――アンネの日記』と、したからだった。

出版界には、数々のタブーがあるが、得てして、そのタブーに挑んだものに大当りをするケースが少なくない。『アンネの日記』は、そのタブー破りの一冊だった。

日記物は売れないというジンクスが、出版界にあった。『光ほのかに―アンネの日記』は、そのマイナスの予言を見事に吹き飛ばした一冊となったのである。

第二次大戦下、ユダヤ人であるために、占領軍ナチ・ドイツに迫害され、隠れ家に住まざるをえなくなった、十三歳の少女アンネ・フランクの日記であった。

原題は「ヘット・アフテルハイス」。後ろの家、隠れ家を意味していた。アメリカでベストセラーになっていて、「ナチス迫害下のユダヤ人の日記―、これはいける」と直感した文藝春秋新社の出版局は、英訳本を取り寄せ、回し読みしてみると、言に違わぬ感動的な内容だった。直ちに皆藤幸蔵を起用し、翻訳にかかったが、原題の「隠れ家」では、多感な少女アンネの日記の雰囲気が伝わってこない。とはいえ英訳「少女の日記」では面白みに欠けた。

投票で「光ほのかに」とメインタイトルを決め、サブに「アンネの日記」とつけ加えることにした。

このとき、「光ほのかに」をメインにした理由について、担当の出版部長だった鷲尾洋三は、「暗い戦時下の生活を描きながらほのかな光を求め、絶望の中にもそれを信じていたアンネの心情を生かしたかったから」と語っている。

日記は十三歳の誕生日を記念してスタートしているが、その理由をアンネは、「わたしには真実の友がいないということです。（中略）わたしはこの日記を心の友にしようと思います。そして、このお友だちをキティと呼びます」と記し、この架空の心の友に告白する形で、一九四二年六月十四日からナチスに見つかる三日前の四四年八月一日までの二十五カ月間を綴っていた。

アンネは、姉のマルゴットと共に、ベルゲン・ベルゼン収容所に収容されたが、一九四五年二月、二人ともチフスにかかり、姉が死に、気落ちしたアンネも姉の後を追った。

連合軍の部隊は、すでに近くに迫っていた。アンネがいま少し、生き永らえていたらの思いは深い。

一九五四年 『女性に関する十二章』——軽妙さが新書ブームに道

判型や装丁、廉価が売れゆきの弾みになることがある。

一九五四（昭和二十九）年は前年十月以降のデフレの余波で、出版界は戦後最大の不況下にあった。

百円から百五十円の手頃な値段の新書が、各社から続出したのは、不況対策の一つだった。その嚆矢となったのは、伊藤整の『女性に関する十二章』で、この年のベストセラー十位のうち五点が新書版だった。伊藤整がその三点を占めた。

五四年は、文学者・伊藤整の著書がデフレ出版界を席巻した年であった。

『女性に関する十二章』『伊藤整氏の生活と意見』『文学入門』『火の鳥』など、この年に出版された伊藤整の新書判は、すべてがベストセラーになり、総計七十万部を突破して新書ブームの牽引車の役割を果たしたのである。

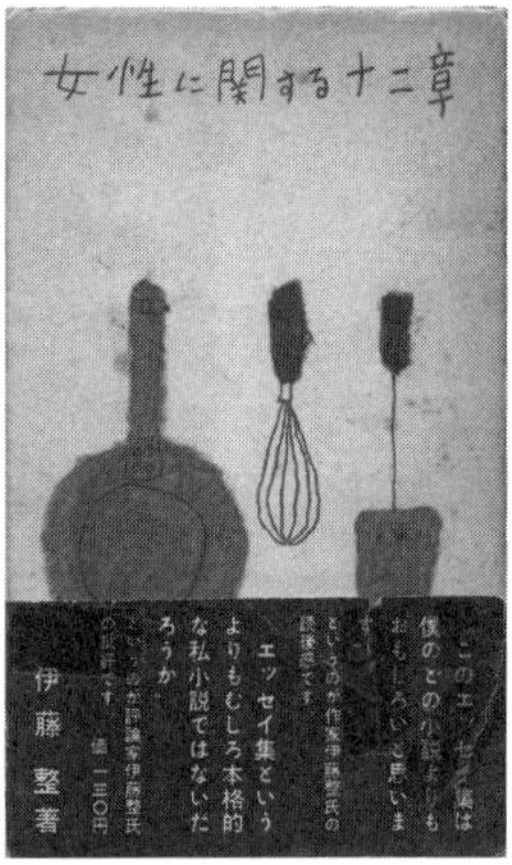

当時の出版界は、戦後最悪の不況下にあった。その救世主になったのが、小型で安い新書判だった。ブームの口火をきったのは、中央公論社から軽装本の名で出版された『女性に関する十二章』で、軽妙で洒脱、風刺を駆使した女性論だった。

著者の名前は、『チャタレイ夫人の恋人』の翻訳者として、また同書が猥褻文書頒布の疑いで、出版社とともに刑法１７５条によって起訴され法廷闘争をしている最中で、一般にも知られていた。

『十二章』は「婦人公論」の連載をまとめたものだったが、カバーに花森安治のフライパンと泡立て器などの台所用品を描いた絵を用い、思い切って軽い雰囲気の本に仕上げていた。その軽さが受けて、五四年暮れまで二十八万部も売れたのである。

この圧倒的な売れ行きは、伊藤のそれ以後の出版活動にひとつのヒントを与えた。光文社から書き下ろしで出版する『文学入門』の判を決めるとき「軽装判で出してもらいたいですね。〈女性に関する〉のような判型の方が、たくさんの人に読んでもらえるんじゃありませんか」と注文をつけたのである。

「カッパ・ブックス」の生みの親、神吉晴夫は、この言葉に啓示をうけて続々とベストセラー入りする「カッパ」の判型を決定した、といわれている。

昭和二十年代末期、不況にのたうつ出版界を救ったのは、伊藤整の出版戦略だったといえる。新書版で廉価、軽い内容のエッセイ、読みもので売れ筋の流れをつくったのである。

タイトルからしてカルカチュアナイズされた『女性に関する十二章』『伊藤整氏の生活と意見』は、まさに売れるべくして売れた新書であった。見るからに紳士、真面目人間を絵に描いたような伊藤整氏が、道化タッチで人生観、女性観を語れば、売れないはずはなかった。

一九五五年　『はだか随筆』——お堅い理学博士のお色気ばなし

戦後十年目になるこの年は、新書判が空前に氾濫した。ベスト一〇の六冊が新書判で、その第一位になったのは、お堅い一橋大学教授のお色気ばなしだった。

光文社のカッパ・ブックスも四冊を占め、二万一六五三点の総出版点数に対して、新書判は十二・七パーセントの二七三三点を数えた。

廉価を売り物にする新書判は、名のある出版社のほとんどが参加したといっても過言ではなく、そのアイテムは九十種を越えていた。

「神武景気」のトバ口の一九五五（昭和三十）年、ベストセラーのトップに立ったのは、中央経済社から出版された佐藤弘人の『はだか随筆』であった。

出版社も著者も一般には知られておらず、偶発的ベストセラーの典型だった。内容は、〝大学教授が書いた艶笑随筆〟というだけあって、学究の徒らしいお色気考現学がそこここに散りばめられていた。

中心は、経済誌「産業経理」に連載された随筆で、三十六編はいずれも肩のこらないお色気ばなしだった。「大学教授の生活白書」「唯物論と女性」「性語の噂」「へのこ神社」「粘膜論」「放屁論」「エロ修練」などと、順を追うにしたがって、話は俗に落ち、いささかワイ談めいてくる筋書きになっていた。

著者の佐藤弘人は本名を弘といい、一橋大学教授・理学博士だった。その人が簿記・会計の専門誌「産業経理」にくだけた随筆を書き、好評だったことから、自分で一冊に編集し直し、掲載誌の発行元に話してみると、逡巡している気配だった。

そこでライバル誌を出している中央経済社に話を持ち込んだのである。

中央経済社は、佐藤教授に専門分野での書き下ろしを頼んでいたが、「その前に『先生の失言』のタイトルで、この本を出したらどうですか」と勧めてみた。

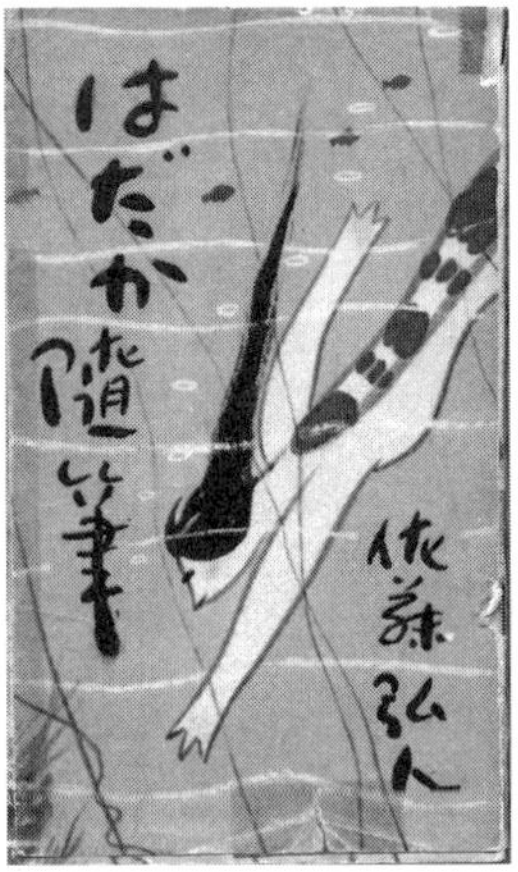

社内にはかると、過半は反対だった。

そこで高木勇二社長は、独断で出版することとし、題名も「はだか随筆」とし、装丁はお色気のあるカッパの絵で人気の清水崑に依頼した。初版は五千部だったが、これがなんと本の内容、著者の肩書、装丁、宣伝・

販売…何もかもがマッチしていたのか、六十四万部の大ベストセラーに駆け上っていった。

理学博士だの、経済学者、哲学者といった類の堅物が、くだけた内容とタイトルの本を刊行すると、その齟齬《そご》・落差感が意外な反響を呼ぶ。カルチャー・ショックならぬ、カリカチュア・ショックだが、一橋大学教授の艶笑譚『はだか随筆』は、まさにその典型だったといえる。清水崑の装丁も追い風になって、マイナスの積がプラスを生んだのだった。

一九五六年『太陽の季節』——乾いた文体の無軌道な若者像

戦後、自由奔放にふるまう若者たちを、アプレゲールと呼んでいたが、その無軌道ぶりを、乾いた文体で奔放に描いた『太陽の季節』が芥川賞を受賞した年だった。

一橋大に在学中の石原慎太郎が、弟裕次郎グループのヨット・マイカー・女狩りに青春を爆発させる放埓《ほうらつ》ぶりを描き、文壇内の話題を社会的トピックにひろげていた。

造語の名人・大宅壮一は、ただちに〝太陽族〟なる流行語をつくり出していた。

一九五六（昭和三十一）年一月、ペニスで障子を突き破るというショッキングな描写の『太陽の季節』で第三十四回芥川賞（五五年下期）を受賞したのは二十三歳の一橋大生・石原慎太郎であった。作品の背徳性、反倫理性、そこに描かれているボクシング、ヨット、マイカー、女狩りにうつつをぬかす若者たちの無軌道ぶりは、読者を困惑させるに十分だった。

芥川賞の選者のひとり、中村光夫は「石原氏への授賞に賛成しながら、僕は何かとりかえしのつかないむごいことをしてしまったような、うしろめたさを一瞬感じました。しかしむごたらしさをそそるものがたしかにこの小説にはあります。おそらくそれが石原氏の才能でしょう」と述べていた。

『太陽の季節』は、文学の埒外の話題性にあおられて、ハイテンポに売れ行きを伸ばしていった。抜け目のない映画資本が新しい風俗現象を生んだ小説を見逃すはずはなかった。本の出版から二カ月後には映画化される素早さだった。

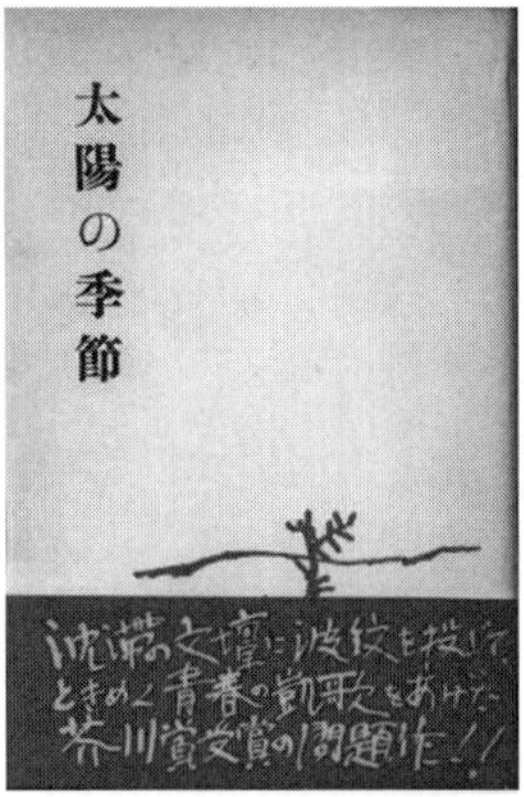

そのスクリーン上に、主演の長門裕之、南田洋子らに交じってほんの端役だったが、長い足とギラギラした眼差しの青年が共演していた。ほどなく爆発的なスターとなる、原作者の実弟・石原裕次郎だった。『太陽の季節』は、この弟の周辺の若い行動を、兄の慎太郎がドライな文体で描いたものだった。

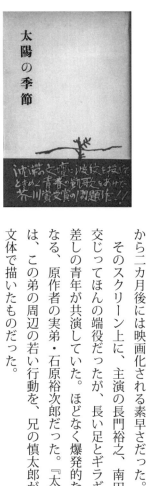

文学に縁の薄い若者たちは、この映画を見てヒーローのカッコのよさにひかれ、風俗と行動を真似たため、「太陽族」と呼ばれる一群が巷にあふれるのは、それ以後だった。

文学賞が商業性をもち始めた〝かぶら矢〟でもあった。

菊池寛によって創設された芥川・直木賞は、石原慎太郎の『太陽の季節』で、スタート二十年にして、ようやく軌道に乗ったといえる。

受賞者のその後の足取りと相俟って、この大袈裟なタイトルの悪文小説は、出版史に遺ることになった。

一九五七年「週刊新潮」――新聞社の牙城に挑んだ

〝神武景気〟に入った昭和三十年代に入ると、都市化のテンポは速まり、若者たちは大都会へ集中しはじめた。

暮しのリズムは週間単位になるが、文芸出版社の老舗新潮社から「週刊新潮」が創刊されたのは、一九五七（三十二）年二月だった。三千万円の予算内での成功を目論んでの一大勝負に挑んだのである。

出版社系では不可能視された「週刊新潮」の成功は、出版界挙げての週刊誌創刊ラッシュを現出させることになった。

出版界に、地殻変動を思わせる現象が起き始めたのは、「もはや戦後ではない」という指摘が『経済白書』に登場した五六年ころからだ。出版社では発行が難しいと考えられていた週刊誌がこのころ続々、創刊され始めたのである。

それまで、週刊誌は取材、編集、広告集稿、印刷といった機能的な意味から、新聞社の独壇場と思われていた。このジンクスの壁に挑み、見事に成功へ導いたのが文芸書の老舗・新潮社だった。同社は「週刊新潮」の創刊準備段階で克服すべき隘路―販売、広告、取材の三点を次々と乗り越えていった。

いちばん大きな問題は取材であった。新聞社系週刊誌は、全国に張りめぐらされた新聞の取材網を使い、速報を旨とする特集記事をつくれる。だが、出版社はその点、望むべくもなかった。

そこで考えたのは、文芸書で発展してきた新潮社の地の利を生かすこと。新聞社系週刊誌の対岸に立って、新聞社系にない視点と切り口で誌面をつくることだった。

佐藤亮一「週刊新潮」編集長は「新潮社はこれまで文学が武器だったから、人間を中心におき、どのページも全部読めるようにする」と述べていた。直接指揮をとった斎藤十一は、「人間一枚めくれば金、女……だからそういう〝人間〟を扱った週刊誌をつくればいい」と隷下に厳命して実践させた。

一九五六年二月、「週刊新潮」が創刊されたのを皮切りに、五七年「週刊女性」、五八年に入るや「週刊ベースボール」「週刊大衆」「週刊明星」「週刊女性自身」、さらに五九年には「週刊現代」「週刊文春」「週刊平凡」と、出版社系週刊誌が続々、創刊されていった。

新潮社に次ぐ他の週刊誌が、一、二年遅れたのは、成功を危ぶんで傍観していたからだった。二匹目のドジョウ狙いは、出版界の不文律であった。

出版系から遅れて創刊された「週刊新潮」は、六十年後、新聞社系を完全に制圧していた。

一九五八年『人間の条件』――「週刊朝日」の推奨を機に通巻二千万部

週刊誌時代に入って、大部数を誇る誌のトップ記事は、ターゲットにされた人物、問題、事件関係者の生殺与奪を左右しかねない力を持つまでになった。

無名の新人五味川純平の『人間の条件』が、はなばなしい話題となり、ベストセラーに弾みがつくのは、当時百五十三万部と公称された「週刊朝日」のトップ記事に、すこぶる付きの好評を得てからであった。

フランスの高名作家と同題の大河小説はすさまじいベストセラーに駆け上っていった。

『人間の条件』が超ベストセラーになるきっかけは、一九五八（昭和三十三）年二月十六日号の「週刊朝日」のトップ記事、「隠れたベストセラー」で七ページにわたって扱われたことからである。

「週刊朝日」の当時の公称部数は、百五十三万部。まさに国民雑誌であった。その記事の前文曰く、「新聞の広告にも出ない、批評家にもほとんど問題にされない一冊の本が、いま農村で、町で、職場で、家庭で読まれている。無名の新人五味川純平氏の『人間の条件』(六部作)が、それである。この一年間ですでに十九万部売れ、しかも尻上がりに次第に版を重ねているという。この本のどこが現代人に訴えているのだろう」。

僥倖ともいうべきヨイショ特集だった。

『人間の条件』はいくつかの出版社をタライ回しされた後、三一書房へ持ち込まれた作品だった。社長の竹村一は一、二巻の九百枚を一気に読み読み終え、その場で出版を決めた。

何が彼を？　そうさせたか。

そこには、「無辜な中国人民に対する日本帝国主義の侵略戦争であることを知りながら、日中戦争へ一兵士として駆りたてられた二人であった。その心の傷の共有は、同時代の人間の域をはるかに超えた厳しさと連帯があった」という竹村一の共犯意識があったからだった。

反戦思想を持ちながら、日本の傀儡国家・満州の国策会社に勤めていた「梶」なる主人公が、大義名分のない太平洋戦争に狩り出され、ソ連国境で敗戦を迎える。生き残ったのは百五十八人中四人。梶は死地を逃れて、愛妻美千子のもとへたどりつこうと荒野をさまよい、ついに命はてる。全編二千九百六十枚にのぼる波乱万丈の物語であった。

人気週刊誌の援護で、『人間の条件』はなんと通巻二千万部を超す記録的当たり本となった。「今日の異端は明日の正統」の箴言を実現させた大ベストセラーは、異端出版人竹村一の決断の賜物であった。

一九五九年『にあんちゃん』——極貧の日々を綴った少女の日記

一九五九（昭和三十四）年は、皇太子が平民出身の正田美智子さんと成婚された年だった。世紀の挙式をテレビ中継で見ようという人々によって、契約台数は三百五十万台を突破した。日本経済もきわめて順調で、戦後最良の年といわれた。その好景気の年、ベストセラーのトップになったのは、在日韓国人一家の末子——母を早く亡くし、小学三年生で父に先だたれ、貧乏のどん底でひたむきに生きる十歳の少女の心模様をつづった日記だった。

ネコの名前と間違えられそうな「にあんちゃん」は、「十歳の少女の日記」のサブタイトルが示すように、北九州の廃坑で両親を亡くした少女の一年半の日記だった。日記は、「きょうはお父さんがなくなった日から四十九日目です」の書き出しで始まっていた。

朝鮮人を父母に持つ十歳の末子の上には、二十歳の長兄を頭に、十六歳の姉、六年生の次兄がいた。「にあんちゃん」というのは、次兄、二番目の兄ちゃんの意味だった。一家の支えだった父親に先立たれた安本家は当時、炭鉱の臨時雇いとして働く長兄の稼ぎでかろうじて生活していたが、その兄も炭鉱のストで職を逐われ、社宅から出る羽目になった。姉は子守奉公に出され、にあんちゃんと末子とは、知人宅に預けられ、針のむしろにすわらされたような生活を味わっていた。

極貧の厳しさは、ほどなく一家を離散へと追いつめ、末子ひとりが大鶴炭鉱に残されてしまった。六年生になった末子は、どん底生活のなかで日記を綴り、「今は、みんなでくろうをしているけれど、きっと私たち兄妹四人の上にも、明るいともしびが、いつかひかると信じています」と、明日に希望をつなぎ続けていた。

十歳の貧しい少女の日記が世に出たきっかけは、長兄が肋膜に冒され、療養費と一家の生活費を捻出せざるをえなくなったからだった。長兄は末子の反対を押しきって、躍進著しかった光文社あてに、十七冊の日記を送り、一年後にようやく出版された。

ＮＨＫラジオの連続ドラマにも取り上げられ、六十万を超す読者をつかんだ。

朝鮮の血に連なる筆の人には、時に異能な才能の持ち主が出現する。立原正秋、李恢成、つかこうへい、李良枝、柳美里、伊集院静などといった面々だ。過酷な差別生活に鍛えられた強靭な筆力だが、二十一世紀に第二の『にあんちゃん』は生まれるだろうか。

一九六〇年『性生活の知恵』——性意識の変化を反映、三割が女性読者

セックスを扱った書籍は、出版のカンフル剤的の役割をはたしている。きびしい監視が施されていた戦前でも、不況に陥ると泰西の名作を装い、医学書のオブラートに包んで刊行されてきた。過半が男性読者であった。

ところが、戦後十五年を経てベストセラーのトップに躍り出た、そのものズバリのタイトル『性生活の知恵』は、三割が女性だった。

どのような手段が、女性に手をとらしたのか。産婦人科医の知恵が見事に生かされていた。

謝国権の『性生活の知恵』が書店に出たのは、耐久消費財がようやく行き渡る〝豊かな社会〟

のトバ口であった。

その時期に、隠された行為と考えられた性生活の指導書が、ピノキオのような人形をつかった「性交態位解説付き」で出版されたのである。

著者は、日赤本部産院産婦人科医局長という権威ある立場の医学博士だった。

アッと驚くアイデアは、謝国権の考えぬいた末の発案だった。著書の「はしがき」でその件を、次のように書いている。

「巻頭に収録された性交態位解説のための写真は、考えぬいた末、やっとできあがった著者独自の発案によるものである。性のいとなみは美しいものでなければならない。しかしながら、この表現は極めて困難であり、活字の力だけでは難解となったり、好ましくない表現法をとらねばならないこともある。これを扱う手段として、同時に読者をして最も的確に理解せしめる手段として、また本来の美しいものを汚さぬ方法として、著者は現在自ら考案したこの方法に優るものはないと自負している」

「性のいとなみは美しい」という基本姿勢に立つ著者は、タブーの垣根を取り払い、産婦人科医という利を生かして、明るく体系的に、性生活の指導を行ったのである。

版元の池田書店の初版部数は五千部だった。しかし、六〇年六月一日に店頭に並んで一カ月もしないうちから増刷が始まり、年末までに四十万部に達する。読者カードの三割は女性からであった。男女同権となって十数年、性に対する女性の意識の変化が見事に読み取れた。

それまで女性誌や週刊誌は、袋綴じ頁で読者の覗き心理をかきたてる手口をとるなど、出版界は、手を変え品を変えて、セックス関係の刊行物を出していたが、『性生活の知恵』は、正攻法で挑んだ文字通りの知恵本だった。謝国権のアイデアの勝利といえた。

一九六一年 『英語に強くなる本』――タテ組と易しさが大受け

語学の習得は、よほどの天才でないかぎり努力に優るノウハウはない。

それを、ベストセラーの匠、光文社の神吉晴夫は、ヨコ文字の英語入門書を、タテ組のハンドブックと、「英語が強くなる」ではなく、「英語に強くなる……」の絶妙な格助の使い方によって、またたく間にミリオンセラーに仕上げたのである。

但し、英語に強くなった人は、カッパ・ブックスの売れゆきにパラレルはしていなかった。

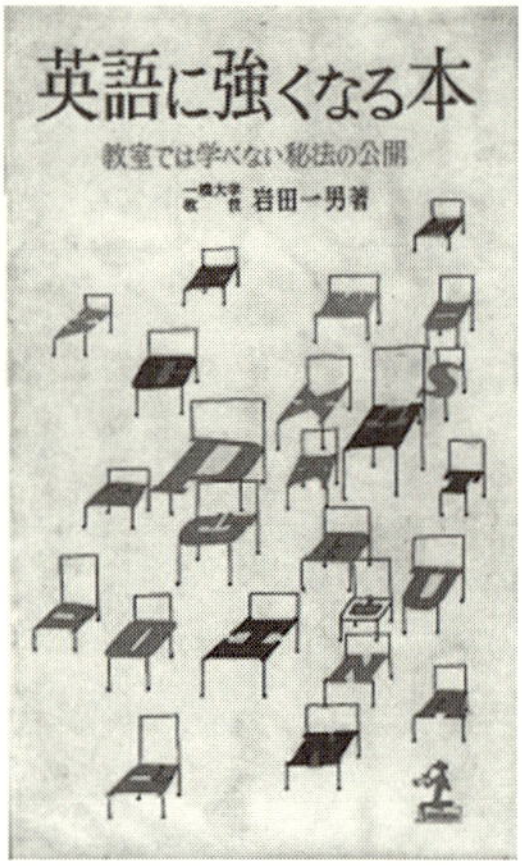

〝パンのように売れた〟と喧伝された『英語に強くなる本』は、

「トイレにはいっていて、外からノックされたとします。『はいっています』―これを英語で何というのでしょうか」

という、下世話な話から説き起こされていた。

一橋大学教授岩田一男が書いた英語の入門書でありながら、サブタイトルが「教室では学べない秘法の公開」とあり、英語が強くなるのではなく、「に」強くなる本となっていた。

敗戦直後、『日米會話手帳』が三百六十万部も売れるという、前代未聞のブームがあったが、六〇年代になるとその英語熱もあらかた消えていた。ところが、日本で初めてのオリンピック大会を三年後に控えて、またぞろ英語への関心が高まり始めていた。

「カッパ・ブックス」でベストセラーを連打していた光文社の神吉晴夫は、朝日新聞の学芸欄に岩田一男が書いた「英語らしき表現一三〇」を読んで、目前に近づいた東京オリンピックに連動させた英語の本の出版を思い立ったのだった。

創作出版を標榜する神吉は、岩田教授に執筆を依頼するに当たって、「一、むずかしい単語も文法も出てこない、二、中学二年や三年のやさしい英語を知っていれば誰でも、この本で英語に強くなれる…」など四つの条件を出し、横文字の世界である英語の入門書を、タテ組で書くよう注文をつけたのだった。

発売は六一年八月。初版三万部だった。が、トイレの話から書き起こし、教室では学べないタテ組の英語本は羽が生えたように売れ、年末までに、神吉の悲願とする百万部を超えた。

文芸評論家の荒正人は、「出版界・社会的事件」と表現した。

『英語に強くなる本』は、ミリオンセラーと喧伝されたが、辻褄合わせに「百万部」配本したばかりに、後で厖大な返本があり、実質的には儲けにはならない出版だったと噂された。

一九六二年　『徳川家康』——高度成長期の経営者のバイブルに

「織田が搗《つ》き、秀吉が捏《こね》し天下餅、座して食うは徳川家康」の狂歌で知られた天下さまは、希代のマキャベリストとして、嫌われていた。

この〝狸じじい〟を、経営の神様に化けさせ、大ベストセラーにしたのは山岡荘八の大河小説であった。

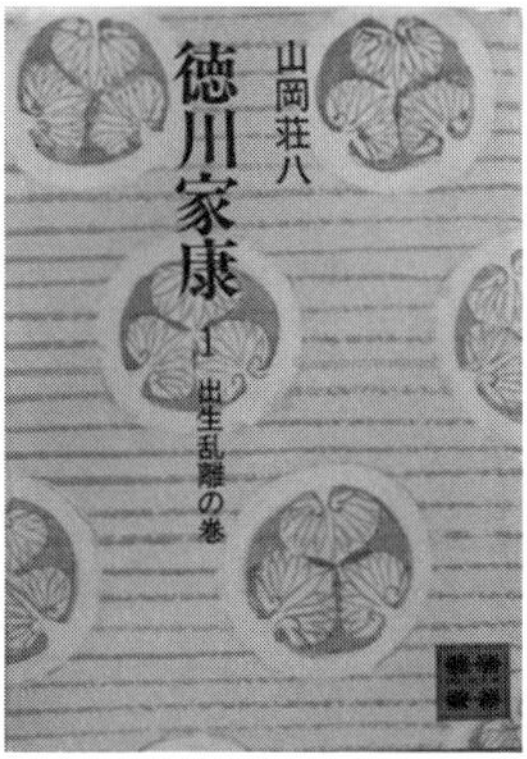

この後、七年半の長期政権を狙う、家康型政治家の佐藤栄作も提燈《ちょうちん》を持ったとあって、二十巻を超える浩瀚《こうかん》な歴史小説は、経営者の虎の巻に馳け上っていった。

地味な大河小説『徳川家康』が、爆発的なベストセラーになるきっかけは、一九六二（昭和三十七）年三月二十六日号の「週刊文春」のトップ記事にあった。

「経営者はクビをきらなくなった―社長さんの虎の巻は、いまや『徳川家康』だ」という特集を組み、リード（前文）を次のように記したのである。

「軍人に昔日の面影なく、政治家は票の上に浮かぶ根なし草である。そこで現代のヒーローは経営者―部下とその家族をかかえ、勢力拡大にしのぎを削り、長期繁栄を求めて日夜心労する戦う大名なのである。名だたる武将の生き方は、現代人に教えるところが多いが、なかでも、徳川家康に心酔する経営者が、最近急にふえてきたという。山岡荘八著『徳川家康』が愛読されているのだ」

一九五〇（昭和二十五）年に「中部日本新聞」（現・中日新聞）などブロック三紙で連載を始めていた大長編小説だった。単行本のほうは、五三年暮れにようやく講談社から第一巻が初版八千部でスタートして、「週刊文春」のトップで扱われた当時は、第十八巻に達していた。十八巻の初版部数は二万四千部だったが、週刊誌で弾みがついて、第十九巻は初版八万部と急上昇し、二十巻は同二十万部、二十一巻同二十一万部と、まさにブーム現象を出来させるに至った。

新聞連載回数四千七百二十五回、連載期間十七年、四百字詰め原稿用紙にして一万七千四百八十二枚。「積んでみると自分の背丈に及ぶ量」（山岡荘八）をこなした連載が終わったのは、六七年四月二十日だった。

十七年にわたる連載中に、日本の経済は高度成長期に入り、そのトップを走る経営者は、スター的地位を獲得する時代になっていたのである。

売るためには、一国の総理に提灯持ちをさせることも厭わない出版戦略の勝利――。しかし、超多忙の総理がこんな大長編小説を読んでいるヒマはなく、逆に深慮遠謀タイプの佐藤栄作が、政治的配慮で格好を付けたのだった。

一九六三年　『危ない会社』――食欲をそそるタイトルがフィットして

『少年期』でベストセラーのコツ、〝創作出版〟のノウハウを編み出した神吉晴夫が、経営戦略書に着眼して、成果を問うた年であった。

一九六一（昭和三十六）年、坂本藤良の『日本の会社』でベスト一〇位入りをはたし、六二年紅林茂夫の『景気』を経て、この年占部都美の『危ない会社』で、トップに立ったのである。

この流れは、翌年三鬼陽之助の『悲劇の経営者』に引き継がれていくが、神吉商法のベストセラーの点を線に結びつけていく戦略は見事だった。

本文を読まなくても、タイトルで買わせます――「カッパ・ビジネス」のスタート本『危ない会社』（占部都美著）は、光文社の神吉晴夫が考える究極の売れ筋本だった。

オリンピック開催を目的に、ひた走ってきた日本の経済は、当時、高度成長の行き過ぎの反動から、翳りがみえはじめていた。

その予兆を読んで、きわめてセンセーショナルな煽り文句で『危ない会社』は、世に送り出されていった。「まえがき」には、「日本の会社への非常事態宣言」として『自分の会社がつぶれる前夜まで、社員は、だれ一人何も知らなかった』。これが倒産会社に共通してみられることだ」とブラフをかけ、続けて、「この十年間、日本の会社の倒産率は、どんどん上がるばかりだ。じつに、十社のうち九社までが、会社が生き延びるための最低必要な利益線を割っている。あなたの会社の現状はどうなのか？」と、危機感を煽っていた。

著者は、一般にはなじみのない経営学者だったが、この絶妙なタイトルと、第一部の「会社は、なぜ傾くのか」、第二部「日本の会社を襲う黒い霧」にひかれ、にわかに危機感をつのらせたサラリーマン読者は、いっせいにこの本を買いに走ったのだった。

その数は数万人に上った。

まさに、売れる本に固執する神吉晴夫の思うつぼだった。彼はかねがね、「メーン・タイトル、サブ・タイトル即セリング・タイトルだ」と語っていた。「タイトルは、読者にイリュージョンを起こさせ、食欲をそそるためのものである。タイトルは説明ではない。センスである。面白そうだ、読んでみたい――そういう感覚に訴える力である」と。

経済ものは、ベストセラーには馴染まないジャンルとされていた。その分野の本を、次々に〝危険なタイトル〟を付けて売ったのが、ベストセラーのカリスマを夢見た神吉晴夫だった。しかし、彼の力づくで売り出すカッパ・ブックスは、一とき話題になっても、二年三年後に残っている本ではなく、「瞬発本」の部類だった。

一九六四年　『愛と死をみつめて』――軟骨肉腫で逝った恋人との往復書簡

ノンフィクション作品で記録的大ベストセラーになる嚆矢となった。

読者を涙に誘う強さによって大化けする作品で、それは次の条件に叶うことであった。

一、テーマは若い男女の純愛。二、純愛の障害になるものが女性側の難病。三、構成は女性が亡くなった後の男の回想型。四、日記、手紙、テープなどから掘り起す。五、結果は女性が必ず亡くなる。

『愛と死を見つめて』は、この条件をすべて充たしていた。

『愛と死をみつめて』は、東京オリンピックの開かれた一九六四（昭和三十九）年に刊行され、一年間で百三十万部を超える記録的な大ベストセラーとなった。

人間永遠のテーマである、重い主題をタイトルにしたこの本は、軟骨肉腫のたび重なる手術によって、顔の半分が抉《えぐ》り取られて変形した女子大生・大嶋みち子と、その恋人の河野實との間に取り交わされた、純愛の往復書簡だった。

みち子の死後、大学生だった實がボストンバックいっぱいの往復書簡を持って、大和書房をたずねたのは、大手出版社に断わられ、その帰途たまたま、大和の看板が目に入ったからだった。

大和岩雄社長は、持ち込まれた手紙を読み、即出版を決めた。彼の心を動かしたのは、不治の病に臥すみち子と彼女を励ます實が、生きるためにともに闘い、よそ者の容喙を許さない一体感の中で悩み、苦しみ、愛し合ってささやかな喜びを共有していることだった。

出版に当たって、大和が内容にふさわしい書名として選んだのは、「婦人公論」誌上で見かけた、ガンで亡くなった十返肇の夫人・千鶴子と亀井勝一郎の対談のタイトル「愛と死をみつめて」だった。偶然にも亀井が大和書房の顧問であったので、タイトルはスムーズに委譲された。
出版された後のすさまじいばかりの動きを、河野實はこう語っている。

「出版された後がすごかった。当時全盛を誇った『女性自身』の記事で火がつき、テレビの『東芝劇場』で前後編に分けて放送され大反響を呼び、レコードとなった。とどめは日活の映画化だった。

みち子さんのお父さんは、『あんまり世間を騒がせてしまうと、君自身生きにくくなるよ。学業に専念するようにしなさい』と、僕をいつも心配してくれた。その心づかいがとても有り難かった」

一九六五年『おれについてこい！』──〝鬼監督〟の苦しみと悩み

アジアで最初に開かれた夏季五輪の開催地は、一九六四年の東京であった。

終幕に近い十四日目、バレーボール日本・ソ連との優勝をかけた一戦は、テレビの視聴率が八十五％の高さに達した。

大松博文監督に率いられた〝東洋の魔女〟はこの決戦を制すが、大松が魔女をどのように鍛え抜いたかを記録した『おれについてこい！』の売れゆきは、うなぎ昇りの勢いとなった。まさに劇的なベストセラーの典型だった。

一九六四（昭和三十九）年十月二十三日—。東京で聞かれた第十八回オリンピック大会は、十四日目を迎えていた。

日本人はその日、午後七時から始まるソ連との優勝をかけたバレーボールの一戦を、固唾をのんで待っていた。日本チームは、大松博文監督に率いられたニチボー貝塚中心の〝東洋の魔女〟。向かうところ敵なしの連戦連勝で、この日まで勝ち進んできたが、対するソ連も無敵の強豪だった。

日本チームは、その強豪を激戦の末に、力と技でねじ伏せる。テレビの視聴率は空前の八十五パーセントに上った。日本人はその勝利に涙を流して感動し、よろこびに酔った。大松博文が国民的英雄となったのは、その瞬間からだった。大松の名は、破竹の快進撃をつづける中で広く知れわたっていたが、世界の桧舞台・オリンピック大会の優勝によって、一躍、カリスマ性をおびたのである。

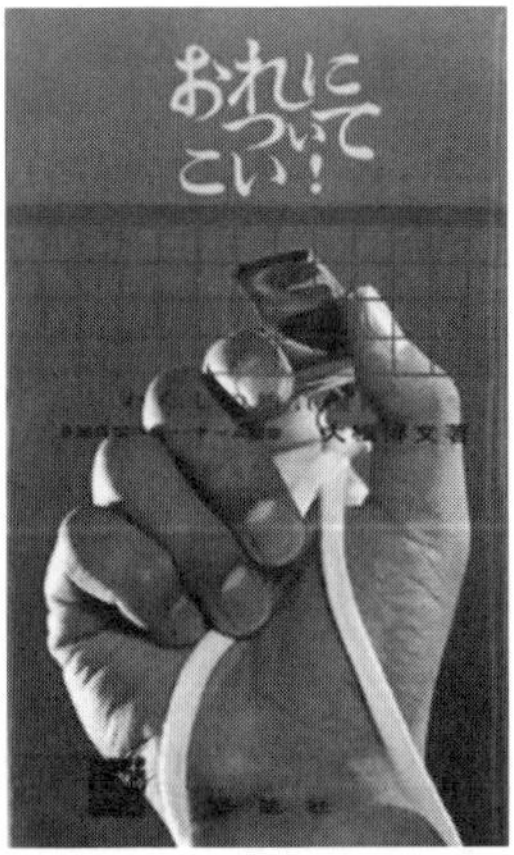

その大松が、前年の六月、講談社から出版した本が、『おれについてこい！』だった。六二年十月二十日、

ニチボーがモスクワの世界選手権大会で、過去十一年不敗だったソ連チームを破り、世界一の栄冠を獲得するまでの苦闘の日々を記録した内容だった。

それまでに、二十三万部のベストセラーになっていたが、大会終了後に売れ行きは急カーブを描いて上昇し、六五年四月までに三十三万部。金メダル獲得で、その年の暮れ急遽書き下ろされた『なせば成る！』にも後押しされて、発売一年足らずで四十万部に迫るベストセラーになった。

鬼と化し、女子選手の青春を犠牲にさせてまで、猛訓練に明け暮れさせた〝専制的支配者〟としての苦しみや悩みが、素直な筆づかいでつづられていた。

大松博文は、太平洋戦争末期の大敗北戦、インパール作戦の希有の生き残りだった。

一九六六年『氷点』――懸賞小説がTV・映画化で〝大爆発〟

サラリーマンの年収が七十万円前後の時代、一千万円の超大型懸賞小説が募集された。半世紀後の現在の貨幣価値に直せば一億円を優に超えるだろう。

その大金を得たのは、北海道に住む雑貨店のおかみだった。カリエスを病む闘病中の身のリクスチャンで、彼女は自らの信仰心を背景に、神をおそれない人間と、信じることで救われるという小説『氷点』で、賞金を獲得したのである。

法外な賞金は、マスコミ格好の話題となった。

一九六〇年代の後半に、一千万円という金額は、途方もない大金だった。なにしろ、東京のタクシー初乗り料金が百円だった時代である。

その大金を、朝日新聞の一千万円懸賞小説に応募して『氷点』で獲得したのは、北海道は旭川に住む三浦綾子だった。

人間の原罪をテーマにした家庭小説で、主婦のよろめきを導入部に、ママ子いじめを主調音として、暗い宿命に哭くヒロインとみせかけて、ハッピーエンドでしめくくる通俗小説の手法で書かれていた。
『氷点』というひえびえとしたタイトルのゆえんは、ママ子として育てられたヒロインの陽子が、その出生の秘密―継母の愛児を殺して自殺した殺人犯の子―であることを知って自殺を企てるくだりで述べられていた。
「自分の中に罪の可能性を見いだした私は、生きる望みを失いました。（中略）一途に精いっぱい生きて来た陽子の心にも、氷点はあったのだということを。私の心は凍えてしまいました。陽子の氷点は、『お前は罪人の子』というところにあったのです」

神をおそれない人間と、神を信じることで救われるというキリスト教的視点でこの小説を書いた新人は、熱心なクリスチャンだった。カリエスのため十三年の闘病生活を送り、この間に三浦光世と信仰を介して結ばれていた。

無名の新人が一千万円の懸賞小説に当選したとあって、『氷点』はマスコミの話題となり、朝日新聞に連載の後、テレビと映画にもなった。その相乗効果で『氷点』は、またたくまにベストセラーのトップにのし上がっていった。発売半年で四十五万部を突破、一年後には七十万部に達した。

三浦綾子が、その後、手堅い女流作家になったのは説明するまでもない。

小説の内容もさることながら、懸賞額の大きさが話題となって、ベストセラーになった沸騰小説と言えるだろう。

一九六七年　『頭の体操』――五輪の体操にあやかったタイトルで

体操とは健康な体をつくるために、手足などを合理的に、規則正しく動かして行う運動を意味している。

胃とか肺、脳といった内臓には出来ないことだが、その体操をアタマに結びつけた『頭の体操』が、突如ベストセラーに躍り出たのである。

パズル、クイズで脳ミソを鍛えようという趣旨を、オリンピックの体操にあやかって頭に結びつけたクイズ本だった。

一九六七（昭和四十二）年は、光文社のカッパ・ブックスが、ベストセラーの上位十点のうち五点を占め、そのうち三点がひとりの著者によって占められるという空前の記録をつくった。

心理学者・多湖輝の『頭の体操』一・二・三集だった。

「パズル・クイズで脳ミソを鍛えよう」というのが第一集で、表紙の絵（写真参照）からすでにクイズ仕立てとなっていた。東京オリンピックの余韻が残る当時、頭と体操を結び付ける奇抜な着想もさることながら、目次を見ると、頭の準備体操からはじまって、柔軟体操、直感力、飛躍力、推理力、観察力、分析力、持久力、独創力とすすんで、「頭のウルトラC演技」で終わるという凝りようだった。

数あるクイズ本の中で、このシリーズが際立った売れ行きとなった理由は、問題のすぐ次のページに問題の意味と解き方をつける形式にし、心理学者に創造的な意味づけをしてもらったからだった。

オリンピック後の不況で、企業に働く人々が新しい動きを求めていたことも、時代背景としてあった。高度成長時代に入って、世の中はスピード化し、人々はせっかちにもなっていた。『頭の体操』は、その時代相にフィットする即効性も秘められていたと著者は言う。

意表を衝いたタイトルは、出版社の面々がアタマを絞って考えたものだった。オリンピックで日本が大活躍した部門に体操があり、超難度の技にウルトラCの名称がついて話題になっているときであった。

「準備体操から始まって、ウルトラCで終わるその系列化は、オリンピックの体操を意識してやったのです」と編集者は語っている。

かねがね筆者はベストセラーの要訣を、頭文字が「T」ではじまる「タイトル」「テーマ」「タイミング」と提唱している。昨今、一般化しているようだが、この要訣をいち早く実践したのが、神吉晴夫時代の光文社「カッパ・ブックス」だっただろう。

『頭の体操』は、タイトルの傑作の一つで、誕生して半世紀の間に〝通常化〟してしまった。

一九六八年『どくとるマンボウ青春記』——旧制高校を背景にユーモアを乗せて

通常、書籍のイメージは、役に立ち、為になる要素が詰まったものを想像する。それを、取るに足らぬ、くだらぬことを書いて、『どくとるマンボウ青春記』にまとめたと自称するのが、医師の資格を持つ北杜夫だった。

しかし、本人の言葉と裏腹に自らの体験した青春期の苦しみ、悩みを客観視して、深刻ぶらずにサラリと書いていることから、この本は悩み多い高校生に熱烈な歓迎を受け売れつづけた。

純文学作品の売れ行きはパッとしないが、ユーモラスな戯文で、女性論やら人生論、紀行文を綴ると、〝本職〟をはるかに凌ぐにぎわいを見せる作家がいた。

一九六八（昭和四十三）年のベストセラーのトップは、その種の才をみせた作家・北杜夫の『どくとるマンボウ青春記』だった。

この年のベスト一〇の五点は、前年につづいて光文社のカッパ・シリーズがおさえた。うち四点が弁護士作家・佐賀潜の民法、刑法、労働法、道路交通法の各入門書であった。カッパ商法に乗って力ずくで五点のベストセラーを輩出する中で、北杜夫のマンボウものは、ほのぼのとしたユーモアを交えて彼の青春の日々を語り、ホッとした救いを読者に与えた。

北は、六〇年以来「どくとるマンボウ」を頭にのせた一連のユーモア読み物を書いていた。その名の由来は、船医として半年の洋上生活中に、マンボウという奇態な銀白色の巨魚にふれたことからだった。

早速、航海記を書くが、その内容は「大切なこと、カンジンなことはすべて省略し、くだらぬこと、取るに足らぬこと、書いても書かなくても変わりはないが、書かない方がいくらかマシなことだけをかくことにした」という不急不要の漫遊記だった。

三十五万部も売れたマンボウ印の青春記は、北杜夫が信州松本で敗戦直前に体験した、バンカラとカンゲキに塗りつぶされた旧制高校生活だった。ユーモアまじりに綴られているが、青春期の悩みに答える普遍的な広がりがあり、高校生から大学生に読み継がれた。

因みに北杜夫は、昭和を代表する歌人斎藤茂吉の次男で、兄は斎藤茂太だった。遠藤周作の〝ぐうたら〟〝孤狸庵閑話〟シリーズに並んで、北杜夫の〝どくとるマンボウ〟シリーズは、本職の純文学作品を凌ぐ、売れ筋の本になっている。

不急不要な暇ばなしが読まれるのは、背景に端倪《たんげい》すべからずの教養があるからだった。厳冬期の出版界に「これはアカンワ！」作家の出現がまたれる昨今だ。

一九六九年　『天と地と』――TVでのブームを嘆き、作者が引退

アポロ十一号が月面に着陸した年である。

渥美清主演の『男はつらいよ』がスタート。毎度岡惚れして、フラれつづけて四十九作に達するギネスブック版の車寅次郎が誕生していた。

ベストセラーの流れに明らかな変化がみられ、テレビのドラマにとりあげられたことによって、その話題性に売れゆきに拍車がかかるという、テレセラー傾向が顕著になったのである。

作者にとっては、願ったり叶ったりと思えるこの傾向に〝造反有理〟を試みたのが、海音寺潮五郎であった。

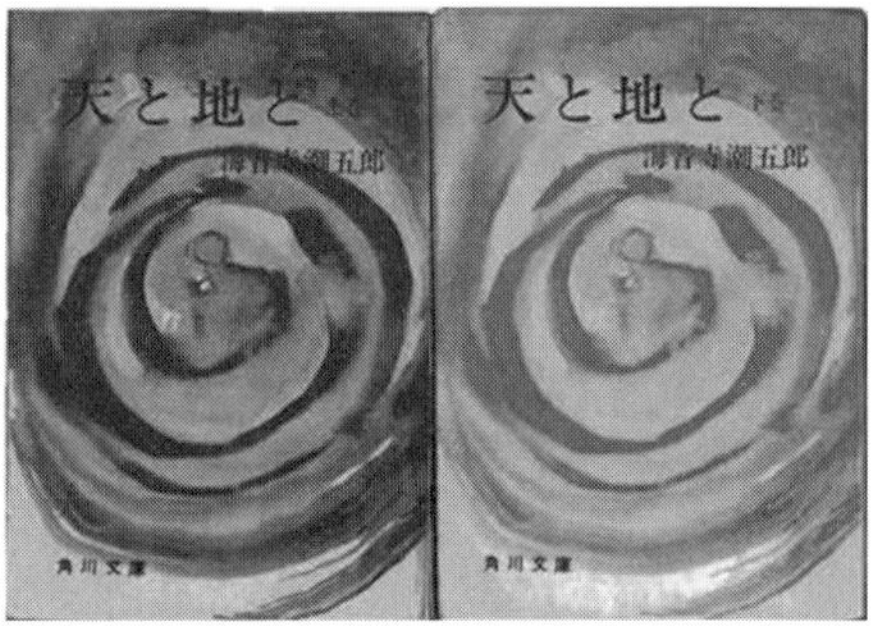

海音寺潮五郎の『天と地と』は、NHKの大河ドラマによって、大受けした歴史小説だった。原作は、一九六〇（昭和三十五）年から六十二年にかけ「週日朝日」に連載され、上下二巻の単行本として出版された。発行部数は二巻で二万三千部にすぎなかった。それが、テレビ放映（六九年）が決まるや上・中・下巻の廉価版になって、それぞれが五十万部前後の大ベストセラーになった。他社から同時発売された文庫版上・下も、それぞれ五十三万部と四十八万部に達し、小説の舞台となった信州と越後を狂乱の観光ブームに巻き込んでしまった。

物語は、戦国時代の北陸の覇者上杉謙信を中心に、甲州から信濃を配下において謙信と拮抗した武田信玄との争いを描いた、雄渾な大ロマンだった。

作者は、性格的に天馬空を行くような戦い巧者・謙信を「天」、地を這うような努力を積み重ねながら中原に鹿を追う信玄を「地」にたとえてストーリーを進めていた。史実を下敷きにしながら、時には立川文庫的荒唐無稽な人物を配置していた。たとえば、上杉、武田両陣営を風のように往来している飛加当のような人物である。

大河ドラマの視聴率は三十五パーセントを維持しつづけた。ところが、薩摩隼人の海音寺潮五郎は、『天と地と』が〝テレセラー〟となるや、「文学がテレビの力を借りなければ読まれないなんて、嘆かわしいことだ。作家も出版社も、テレビに気を使わねばならない傾向は、今後、ますます強くなるだろう。テレビが栄えすぎて、文学がおとろえる。文学の道を歩むものとして、こんな面白くないことはない」と、それを機会に現役を引退してしまったのである。

薩摩隼人が、いみじくも喝破した「文学がテレビの力を借りなければ読まれない」時代となって半世紀。いまや、テレビさえスマホの前に顔色を失っている。

電子書籍時代を、海音寺潮五郎はどう見るか、訊きたいところだが……。

一九七〇年『誰のために愛するか』──逼塞状況の社会に愛の書

川端康成につづく、ノーベル文学賞候補と目された三島由紀夫が、市ケ谷の自衛隊本部に私兵〝楯の会〟を率いて乱入。自衛隊に決起を呼びかけたが果たされないと知るや、割腹自殺をしていた。

時代錯誤もはなはだしい鬼才の行為に、時の総理佐藤栄作は、「狂気の沙汰」との見解を語っていたが、この騒然たる時にベストセラー街道を驀進したのは、才女の書いたエッセイだった。彼女の説に従えば、三島由紀夫は愛国ということになろう。

日本史上初めてのハイジャック事件が起きたのは、「人類の進歩と調和」を謳った大阪・万国博が開かれた直後の一九七〇(昭和四十五)年三月三十日だった。

その八カ月後の十一月二十五日、ノーベル文学賞候補に擬せられていた三島由紀夫が、「楯の会」会員四人と、東京・市谷の陸上自衛隊に押し入り、総監を人質にして隊員にクーデターを呼びかけて無視されるや、総監室で割腹自決を遂げた。

この波乱の年に、ホッと救いになるようなタイトルの本が、大ベストセラーになった。曽野綾子の『誰のために愛するか』である。

刊行元は、光文社の神吉商法の流れをくむ本づくりで、次々にベストセラーを出し始めた青春出版社だった。

小沢和一社長がこの時期に、愛の書の出版を思い立ったのは、前年に東大紛争があったりして、若者たちは挫折し、信じるものも明日への希望ももてず、逼塞状況にあると見てとったからだった。

執筆者に白羽の矢を立てたのは、三浦朱門とおしどり夫婦で知られた曽野綾子だった。半年かけて書き下ろしてくれたが、ビビッドなタイトルを得意とする小沢は「まえがき」の次の言葉から『誰のために愛するか』に決めた。

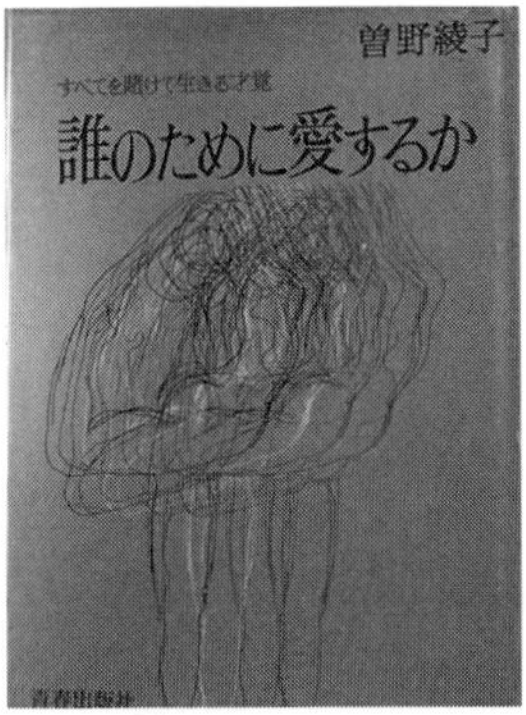

「ほんとうは今まで、『愛』という言葉はめったに使わないようにしていたのである。愛という言葉の意味は広大で（中略）実はこれほど本質を掴みにくいものはないからである」
「愛の定義を私はこういうふうに考える。その人のために死ねるか、どうか、ということである」

この強いタイトルに導かれて、年内に百万部のベストセラーとなった。

四十数年前『誰のために愛するか』で大ベストセラーを出した才女作家は、自己啓発本の旗頭的存在となって、次々に宗教の代用品のごとき本を刊行し続けている。

一九七一年『日本人とユダヤ人』――著者の正体をめぐって話題沸騰

〝一億総評論家〟の時代になって久しく、野に遺賢は皆無と思われていた。その常識を破って、忽然と登場したのは、イザヤ・ベンダサンなるユダヤ人とされていた。

日本人とユダヤ人の民族的な相違点を、おそろくべき造詣を裏づけに説き明かした『日本人とユダヤ人』の著者の訳者は、出版元の山本書店主だった。

「いざやペン出さん」をもじったような怪名――話題性は充分であった。

イザヤ・ベンダサン著・山本七平訳の『日本人とユダヤ人』が出版されたのは一九七〇（昭和四十五）年五月である。活字がぎっしり詰まった二百ページあまりの素っ気ない軽装本であった。日本人とユダヤ人との民族的差異を、該博な例証をあげて説き明かしていく内容だったが、当初は出版界の話題にも上がらなかった。

ところが、版を重ねるにつれて知識人の興味の対象にあがり始めた。巧みな日本語訳者は出版元の山本書店主であるとしても、日本・ユダヤ両民族の自然環境、歴史、社会的環境の違いからくる生き方、ものの見方、考え方のギャップを、これだけ見事に論証する人物が、はたして外国人であるのか。

奥付の著者略歴によると、ベンダサン氏は一九一八（大正七）年神戸生まれのユダヤ人で、渡米と来日を繰り返していると記されていた。

著者が正体不明の謎の人物となると、マスコミ界はあげて正体捜しに躍起となる。江藤淳、村松剛、遠藤周作、司馬遼太郎、あるいはユダヤ教のラビの称号をもつ在米日本人某氏では、と輪はひろがる一方で、なんとなく落ち着いた先が、山本七平こそ著者であろうということであった。

この原作者捜しに相乗されて、売れ行きは加速していった。読むほどに両民族比較のための例証が、西欧や中近東、ユダヤ民族に精通した碩学であることがわかった。さらに日本民族を語るうえで持ち出してくる典拠が、恩田木工の『日暮硯』だったりして、日本の古典の含蓄のふかさがう

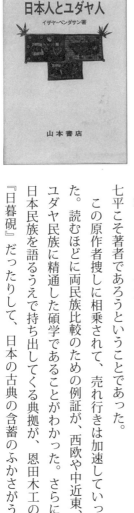

かがい知れた。
『日本人とユダヤ人』は、七一年にかけて七十万部のベストセラーとなった。

野にあった遺賢・山本七平が、出版界に遺した足跡は大きかった。彼の透徹した史観、世界観は、目先の変化には微動だにしなかった。この山本七平に、『日本人とユダヤ人』改訂版を刊行してもらったら、いまの日本人をどのように批評するだろうか。

一九七二年　『恍惚の人』――老人問題を先取りした衝撃の小説

戦後の文壇に彗星のように登場した才女・有吉佐和子は、抜群のストーリーテラーと、巧みな題名で知られていた。
その彼女が、高齢化社会を先取りした小説に付けたタイトルが『恍惚の人』であった。たまたま、頼山陽の『日本外史』を読んでいて「三好長慶老いて病み恍惚として人を識らず」の記述にふれ、「恍惚とは耄碌のことだ」と知って、題を決めたのだという。池田弥三郎は「久しぶりに、われわれの生活の中に、貴重な名辞をのこしてくれた」と、激賞した。

確実にやってくる高齢化社会―長寿国日本の前途を先取りして余りある小説だった。

戦後、四半世紀を過ぎ、日本人の平均寿命は男性が七十歳前後、女性七十五歳の時代にきていた。アメリカ、イギリスと肩を並べる長寿国となって、老いの実態はそろそろ社会問題になり始めていたのである。

この誰も避けられない老人問題に、小説で真っ正面から取り組んだのが、一九三一（昭和六）年生まれで四十代になったばかりの有吉佐和子であった。

老夫婦をかかえた立花家は、育ち盛りの高校生をもった五人家族。姑と舅は別棟に住んでいるが、その舅にまず老人のボケ症状が現れ始めた。

茂造というその舅は、共稼ぎで働く嫁の昭子を「職業婦人」などという古臭い言葉で、嫌味を言い続けてきた老人だった。その嫁いびりをした茂造が、妻に先立たれた後、息子や孫の顔を忘れて、とめどなく空腹を訴え、家を忘れて徘徊するようになる。嫁の昭子は同じ部屋に寝て介助するようになるが、ある朝、異様な臭気に気づいて目を醒ました。

「『なにしてるの、お爺ちゃん』

声をかけて近づいた途端に、ぎょっとなった。

茂造は右掌をひろげて畳みの目なりに左から右へと緩慢に撫でていたが、その畳の上には黄金色の泥絵の具に似たものが塗りたてられていたのだ」

老人は失禁してもわからなくなるほどの恍惚の人となり、一刻も早い死が、本人にも家族にも救いになる展開となっていく。

初版四万部でスタートしたが、刊行一年で百四十万部の超ベストセラーとなった。

有吉は一億円を超える印税をそっくり老人ホームに寄付して花を添えた。

それからの半世紀、日本は〝恍惚の人〟の氾濫社会になりつつある！

一九七三年　『日本沈没』――「列島改造論」に対する皮肉なアンチテーゼ

オイルショックと、変動相場制へ移行したため、円が急騰。物価急上昇の年であった。前年同月比で、ちり紙百五十％、砂糖五十一％、牛肉四十二％の上昇し、省エネ・ムードがわき起った。

高度成長政策の破綻が明らかになって、日本人は前途に暗澹《あんたん》たるものを感じはじめていたが、その心胆を寒からしめるＳＦ小説が登場したのである。

題して『日本沈没』であった。

日本列島が地殻変動によって沈没、日本人が国土を喪失し、ユダヤ人のような流浪の民になるという壮大なＳＦ小説だった。

が、読み進めていくと、時の内閣が一九七二年に打ち出した「日本列島改造論」に対する皮肉なアンチテーゼと読める内容だった。

無学歴で宰相になり、今太閤と喧伝された田中角栄による構想は、過密と過疎を同時に解消させる列島改造によって、百年の国造りの基礎をなすというものだった。

ところが、列島改造計画は、相次ぐ地震などの異常現象とオイルショックの強烈なダブルパンチで、もろくも挫折してしまった。時ならぬ天為と人為の異常現象を、逆に〝天祐〟としたのは、光文社が三月に刊行した小松左京の『日本沈没』だった。

ベストセラーづくりを得意とする同社は、発売後に相次いだ日本列島の天変地異を『日本沈没』の宣伝に連動させたのである。

小説は、太平洋側と日本海側の両方から潜り込んでくる巨大なマントル対流によって、日本列島がたった一年で沈んでしまうという筋立てになっていた。その前兆は深海底の異変の発見にはじまり、火山爆発や繰り返し起こる地震によって進行する筋書きになっていた。

幸か不幸か、出版と軌を一にして、列島各地で起き始めた異常な自然現象は、『日本沈没』に巧妙に描かれたシチュエーションに、あまりに酷似していた。

巧みなフィクションには、事実を上回る迫真性があるものだが、科学知識に強く、博覧強記の小松左京の作品には、びっくりするほどのリアリティーがあり、上・下巻で三百五十万部という超ベストセラーとなった。

SF小説として描かれた『日本沈没』だったが、半世紀後の日本は、現実に関西、東北地方で巨大な地震に襲われ、さらに二〇一六（平成二十八）年には、九州の熊本県に連続地震が起こり、首都圏は直下大地震に脅える現況にある。

日本列島は沈没することはない。が、日本人の心は、沈没の危機に直面しているといえる。

一九七四年『かもめのジョナサン』――書名・装丁・翻訳がマッチして〝大飛翔〟

戦後初のマイナス経済成長となったこの年、フィリピンのルパング島で、残置諜者として敗戦を信じることなく戦っていた小野田寛郎陸軍少尉が救出された。

超能力ブーム、オカルトブームが巷をにぎあわす中で、出版界の話題をさらったのは、売れっ子の作家五木寛之の〝創訳〟で刊行された『かもめのジョナサン』であった。

翻訳には、直訳だの超訳、抄訳、意訳といった訳出方法があったが、〝創訳〟なる訳は本邦初で、この作家のリーダブルな文体にまかせた意味だった。

一羽のカモメが、食べることではなく、飛ぶことに生きる喜びと意味を求めて、スピードの限界に挑むという一編の寓話だった。

読み方によっては、いろいろに解釈できる夢と幻想にあふれた作品で、まさにその辺りが受けて、原作の出たアメリカでは体制からドロップ・アウトしたヒッピーたちに回し読みされ、読者の輪をひろげていった。

作者のリチャード・バックは、名作『星の王子さま』のサン＝テグジュペリと同じ、パイロット上がりの作家だった。この原作を、若者に圧倒的人気の五木寛之が〝創訳〟して、『かもめのジョナサン』の題名で新潮社から出版したのは、一九七四年六月だった。

装丁は原作そのままに、ラッセル・マンソンの美しい叙情的な写真を使っていた。

ほかのどんなことよりも飛ぶことが好きなジョナサンは、まず、時速百四十キロ以上というカモメの世界スピード記録をつくり、さらに時速三百四十二キロという限界突破をなしとげ、仲間たちにその快挙を報告する。ところが評議会にかけられ、「思慮を欠いた無責任な行為ゆえに、汝はカモメ一族の尊敬と伝統を汚した…」と、流刑に処されてしまう。

ジョナサンは、しかし、仲間はずれされたのにめげず、解脱して〝仙翁〟のようになり、天国に赴いてさらに技術を磨き、飛行の奥義に到達して、再び仲間たちの世界に帰ってきた……。

『かもめのジョナサン』は、この軽妙な題名と、ビジュアルな装丁、リーダブルな翻訳がうまくマッチして、発売と同時にベストセラーとなり、一年後には百数十万部に達した。

日本の敗戦で、植民地だった朝鮮半島から死線を越えてきた五木寛之が、作家として登場して六十年。

厳冬期の出版界で、最も手堅い売れ筋作家になっていた。

十代で死線を越え、売血で学費を補った艱難辛苦の体験から生み出された処世術の勝利だ。

一九七五年『複合汚染』——小説の名人が事実の重みを知って

文芸出版社の老舗・新潮社からは、数々のベストセラーが誕生しているが、作品のタイトルをめぐって、編集部の全員が反対したのに作者が断固と譲らず押し切って、純文学書き下ろし作品で最高に売れたのが『恍惚の人』だった。有吉佐和子の傑作である。

その有吉が、その後に満を持して世に問うたのが『複合汚染』であった。小説のタイトルには異質な、科学論文もどきの題だったが、それもそのはず、環境汚染に取り組んだ警告書だった。

有吉佐和子の『複合汚染』は、一九七四年十月から八カ月半にわたって「朝日新聞」に連載された後、高度成長が一頓挫した七六年に、上・下二巻に分けて新潮社から刊行された。

環境汚染に真っ正面から取り組んだ、時代に先駆ける作品だった。

「美男美女も出てこないし、文壇ではストーリー・テラーと評されている私が扱うには一貫した話の筋もありません」と、作者自身が「あとがき」で断っているように、小説のカテゴリーを著しく離れた作品だった。

実名で著名人が登場するし、また食物の安全性・農薬公害問題を専門的な資料に基づいて扱っていて、さらに化学肥料づけの近代農業のあり方を問うなど、四半世紀後の今日でも十分通用する、衝撃的な内容だった。

小説の名手・有吉佐和子が、公害をテーマとした小説を書こうと準備に入ったのは、『複合汚染』の発表にさかのぼる十三年前だった。小説で扱う公害の化学物質を何にするか調べていくうちに、人間がこの百年間に作り出した人工物質が二百万種類以上もあり、その一割近くが生産に移され、有害物質となっているのが、一万五千ないしは四万種類もあることを知って、呆然としたのだった。

さらに、当時大きな問題となっていた水俣病の経過を見守っているうちに、「もう公害というものは小説という虚構では捕らえることができないのを思い知った。事実の重みが、あまりにも大きい。事態は、小説という読みものにのせるには、あまりにも深刻だ」と、創作の素材を生で叩きつける決断をくだした。

物語性に欠け、面白さに遠い作品だったが、読者は競うように同書を買い求め、そのバックアップでたちまち大ベストセラーと化し、複合汚染は流行語になってしまった。

半世紀前に高齢者社会の地獄絵を描いた作家は、公害に汚染される社会も描いていたのだ。レイチェル・カーソンの『沈黙の春』（一九六二）に比敵する重みのある内容であった。

一九七六年　『限りなく透明に近いブルー』
――基地の町の若者を活写した衝撃のデビュー作

出版界には〝二《にっ》・八《ぱち》〟と言って、二月と八月は売れゆきの不振月とされている。その二・八を越えようと、芥川・直木賞を創設したのが菊池寛だった。「文藝春秋」創刊人である。

菊池の思惑は実現化されるが、頂点に達したのは創設から四十一年後の七六年だった。村上龍の衝撃のデビュー作『限りなく透明に近いブルー』が芥川賞を受賞、凄い描写にみちた小説は三百五十四万部に達し、それまでの受賞作のトップ柴田翔の『されどわれらが日々』百八十七万部を百六十七万部も超えたのである。

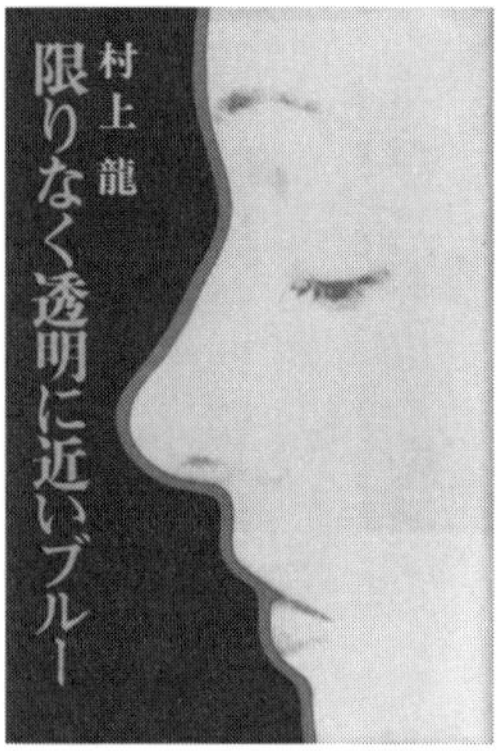

ロッキード事件で大揺れに揺れた七六年は、日米あるいは政財界の癒着の底知れない闇を知らされる年となった。出版の世界も、新人作家・村上龍の芥川賞受賞作品を通して、植民地化した基地の町の、限りなくスキャンダラスな一面を見せられた格好になった。

麻薬とセックスに明け暮れる米軍基地の町、東京・福生の若者たちの青春を、みずみずしい感性で描いた作品だったが、芥川賞授賞をめぐっては、二十年前の石原慎太郎『太陽の季節』の選考時を再現したような激論が飛び交った。

丹羽文雄は「芥川賞の選考を務めるようになって三十七回になるが、これほどどとらえどころのない小説にめぐりあったことはなかった。それでいてこの小説の魅力を強烈に感じた」と述べ、永井龍男は「『限りなく透明に近いブルー』の若く柔軟な才能を認める点では、他の委員諸氏におとらぬが、これを迎えるジャーナリズムの過熱状態が果たしてこの新人の成長にプラスするか否か……」と授賞に反対、委員を辞退する一幕もあった。

二人の激しい対立が物語るように、当時の常識から判断して、発禁にならないのが不思議なくらいの凄い描写にみちていた。乱交パーティーでハシシに酔いながらのセックス場面は、S

M小説やポルノ顔負けのオンパレードで、植民地化された基地の町の風俗が、見事なまでにすくいとられていた。

『限りなく透明に近いブルー』は、初めは文芸誌「群像」の新人賞で、続いて芥川賞受賞によって大ブレークし、単行本は百万部の大台を超えた。通常は、実売一万部前後の文芸誌が生んだ大化けの典型作品だった。

選考委員も辞退させるほどの凄い内容と描写といわれたが、いまは、限りなく現実に近い作品になっている。

一九七七年『ルーツ』——七代・二百年に及ぶ黒人の祖先探しの旅

「黒人文学は売れない」というジンクスがあった。被差別人の作品は軽んじられていたのだ。

『ルーツ』——祖先・故郷の意味する奴隷の末裔アレックス・ヘイリーが書いた作品は、自らの祖先をアフリカの現地へ渡って調べ、ついに根元《ルーツ》を発見した物語である。

ヘイリーは、奴隷解放の物語を書き、世界的な話題になったため、生活のすべてが予定表にはまり、行動のすべてが他人によって決定されるという〝奴隷的境遇〟に陥る皮肉を甘受せざるを得なくなった。

「どんなアメリカ黒人の祖先も、たどれば一枚の売札にいきつき、それ以上はさかのぼれない」（J・レスター）

奴隷狩りにあって新大陸へ連れてこられた黒人の運命を、象徴的に言い当てた言葉だが、『ルーツ』はその不可能とされた祖先探しを、七代・二百年間にわたって調べ、

現地取材をして書き上げた感動的な物語だった。

著者は黒人作家アレックス・ヘイリー。三年がかりでまとめた労作で、七六年九月、アメリカで刊行された。自らのアイデンティティーを突き止める、血のにじむような物語は、すぐにテレビ化され、翌七七年一月二十三日から八日間、アメリカで空前の視聴率を記録した。

海の向こうの出版動向はすぐ日本に伝わる。有力出版社の激しい版権争奪戦になった。結局、社会思想社が版権を取得したが、じつは「黒人文学は売れない」という出版界のジンクスを怖れて、優先権のあった大手出版社が下りてしまった、と噂された。

社会思想社は、五万部以上売れないと採算が合わないという厳しい条件をのんで、松田銑と安岡章太郎の共訳のかたちで、七七年九月十日に出版した。安岡が共訳に名を連ねたのは、南

部アメリカへの留学体験があったのと、『アメリカ感情旅行』を書き黒人事情に詳しいからだった。

日本でも、出版と同時にテレビで放映されるという相乗効果がはたらいて、「ルーツ」は流行語になり、先祖探しもはやった。

発売半年後の調査で、上巻三十七万部、下巻二十五万部。翌年三月発刊された文庫版上・中・下巻もそれぞれ十万部を超えて、黒人文学がはじめて日本でも大衆に迎え入れられることを実証した。

その後、黒人の血をひく大統領が出現する時代となったが、『ルーツ』に描かれた理不尽な世界は、形を変えて現存する。いや、人種差別意識は、先進国と称する社会で、ますます、深く潜行しているようである。

日本の愚かな国会議員が、オバマ大統領を奴隷の末裔と呼ぶなど、身近な差別感も瞥見《べっけん》できる昨今になっている。

一九七八年『不確実性の時代』――先の読めない時代にぴったりの書名で登場

売れ筋の翻訳書のタイトルが、流行語になった年である。出版界の総売り上げが一兆円を超えたよろこびも束の間、書籍の返品率が六月に史上最高の四十五・八％にも達した中で、文学全集で知られた筑摩書房が倒産した。

負債総額は五十三億円にも上り、その衝撃はマスコミ、読者を巻き込んで社会的話題にひろがった。

〝活字離れ〟が恒常化する一方で、巷にはカラオケ・ブームが起っていた。

アメリカ経済の不安に起因する世界的なドル安で、日本が円高不況に陥ったのは、七十年代の後半である。出版界の総売り上げが一兆円を超えたあとだったが、皮肉なことに懸案の大台を超えたころから日本は低成長に転じ、先の読めない五里霧中の時代となった。

この時、八方塞がりの時代をズバリ指摘した内容の高度な経済書が、アメリカの出版社と共同出資のＴＢＳブリタニカから刊行された。

ジョン・K・ガルブレイスの『不確実性の時代』である。監訳者はアメリカ留学を経て、一橋大学長を務めた都留重人。この人選は、過去二百年にわたる経済思想史を、それぞれの時代と関連付けながら、長期的見通しを打ち出す経済学書にとって、最適任だった。

原本のもとになったのが、英国BBC放送のテレビ連続番組の台本として書き下ろされたものだけに、高度な経済理論や思想を紹介しながら、具体的な論理展開となっているのがよかった。とはいえ、ハーバード大学教授の著書は、スラスラ読める代物ではない。

その難点をクリアさせたのは、お先真っ暗で読めない時代を言い当てたタイトルだった。

著者は書名を決めた経緯を、次のように述べていた。

「まず言葉の響きが良かったし、思考の場を局限もしなかったし、それでいて、基本的なテーマは明らかにしていた」

　高邁な経済学書が四十万部も売れ、「不確実性の時代」が流行語にもなったのは、なによりも長期不況でいらだちを募らせていた時代背景があった。
　ガルブレイスは、五百ページ近い大著の中で、ただ一カ所確実性のある言葉を書いていた。「いったん原爆の落し合いがあれば、この小さな地球はそれ自体、生き残れない」と。

ところが、カルブレイスが、浩瀚《こうかん》な著書の中で述懐した、ただ一カ所の確実性のある言葉「いったん原爆の落とし合いがあれば……」云々が暴走する北朝鮮によって、行われかねない現在になっている。

三十歳を越えたばかりの独裁者三代目の首に、鈴をつけられる者はいるのだろうか……。

一九七九年　『算命占星学入門』『天中殺入門』――「天中殺」と「凶」の字がうけた

〝不確実性の時代〟が世相を示していることを暗喩して、おどろおどろしたタイトルの占い本が超ベストセラーに躍り出た年である。

占い本は、女占い師の黄小娥、藤田小乙姫、細木数子など、間歇《かんけつ》的に登場してブームを起しているが、所詮〝八卦〟の世界で占う本人が自らの明日を読めなかった。

総理大臣や、財界の大物の運勢相談にのっていた藤田小乙姫なる女性は、ハワイで殺害されている。生命を奪われるという自らの凶運に、気づかなかったのだ。

占い本や予言書が売れる時代は、世の中が暗い、見通しの難しい時期だという。七〇年代の後半は構造的不況下にあり、人々は深刻な不安を抱え、苦しんでいた。

和泉宗章の『算命占星学入門』と、その続編の『天中殺入門』が、すさまじいベストセラーとなったのは、ちょうどそうした時期だった。

社会全般にただよう危機感をいち早くキャッチして、中国に古くから伝わる占星術に結び付けたのは、青春出版社の小沢和一社長だった。

著者が〝動物的嗅覚〟で、社会の底流に渦まく危機感を嗅ぎ取って出版しようとした占い本は、人体の各部分にあらわれる星によって、その人の誕生から運命のすべてが割り出せるという算命式の占い法だった。

中国に古くから伝わる「鬼谷子算命学」という十六の占い法の中から、十法を使った占い鑑定法と説明されていたが、「その技法は『人体星図』『年運』『天中殺』の三項目で鑑定するようになっている」と、和泉宗章は語っていた。

生年月日をもとにして、年・月・日がそれぞれ示す十干と十二支の組み合わせにより、人体星図の頭、胸、腹、右手、左手、右肩、右足、左足の計八カ所に、自分の星を割り出して判断する方法が、従来には見られない新しさだった。

が、それにも増して話題性を広げたのは、人には誰にも「天中殺」の時期があり、その時に事を起こすと、必ず破滅するという「凶」をあえて予告している部分だった。

和泉のピタリ占う算命占星法と、天中殺の二冊は、その強い占いゆえに売れに売れて、三百数十万部の爆発的ベストセラーに駆け上った。

しかし、当るも八卦、当らぬも八卦を地でいって、和泉宗章の長島茂雄への占いははずれ、たちまち失脚してしまった。

一九八〇年『蒼い時』――山口百恵が綴った衝撃的な半生

水道の蛇口をひねれば水が出るように、テレビのチャンネルを回せば、どこかの番組に出ているタレント仕立の本が、猖獗《しょうけつ》をきわめる時代に入った。

ほとんどがゴーストライター介在のまがい本であった。アメリカでは、この種のライターに、コラボレーター（協力者）の名称を与え、その筆力を賞賛する傾向があった。が、日本にはなく、ベストセラーになった後、幽霊《ゴースト》が足を出す笑えぬ喜劇が起きた。

テレビによく登場しているタレントの書く本が、恒常的にベストセラー上位を占めはじめたのは、八〇年代に入ってからである。チャンネルを回せば、どこかの番組に出ている彼らとは、現実の生活圏における隣人より馴染み深い、疑似隣人関係になっていた。

この関係をみごとに実証したのが、八〇年九月に出版された山口百恵の『蒼い時』であった。三浦友和との結婚で芸能界から引退を決意した最高のアイドル歌手が、日陰の子として育った半生を、直截的な語り口で綴り、その衝撃的な内容に相乗されて、売れ足のスピード新記録を作った。

この年の「出版・読書界十大ニュース」にも取り上げられたが、それによると、九月二十日に集英社から初版二十万部が発売されると、その日の午前中に書店の店頭から消え、一カ月で百万部突破のミリオンセラー新記録になったと記されている。

仕掛け人はイベント・プロデューサーの残間里江子だっ

た。取材で四回会っていた山口百恵に「本を書いてみませんか」と、一通の手紙を出したことから、話はとんとん拍子に運んだ。

超アイドルに、出版の話はあまたにあった。その中から残間の勧めを受けた理由を、山口百恵は「自分の手で書いてみたらおもしろいのではないかしら」と、ゴーストライター仕立てでない正攻法で攻められたから、と出版後に語っている。

「なまいきかもしれませんけど、ゴーストライターに書いてもらうのだけはいやだったんです。私以外の人間が私の心の奥を書けるはずがない……」

彼女は『蒼い時』で父の存在を否定し、「あの人」という言葉で、出生の秘密を告白していた。眠る時間もない超多忙人間に、これだけの自伝が書けるかをめぐって書いたのは残間里江子(?)の伝説が残った。

タレント活動の絶頂期に、マイクを置いて引退し、幸せな結婚生活を選んだ山口百恵。この彼女のそれからの人生にブレはなかった。『蒼い時』に、苛酷な環境に生きた百恵には、虚業である芸能界の底の浅さが読めていたのだろう。その後の人生を書かないのも、いさぎよい。

一九八一年『窓ぎわのトットちゃん』——童話風体裁とおとぎばなし的学校生活が大うけ

世知からは疎い、昭和天皇の上聞にも達した超ベストセラーが独走した年だった。

出版界には、短期間にモロモロの手段を用いて、大ベストセラーをつくり上げる〝ブロック・バスター商法〟が出来していたが、その嚆矢となったのは、黒柳徹子の『窓ぎわのトットちゃん』であった。

業界を挙げて、話題性に富み、ニュース・バリューがある人物の本づくりに狂奔する度合は強まる一方になった。

窓際の席に追いやられた陽の当たらないサラリーマン。そんなマイナーなイメージを主人公の少女にダブらせた『窓ぎわのトットちゃん』（講談社刊）が店頭に並んだのは、一九八一年三月十日。売れっ子タレント、黒柳徹子の著書で、上質の紙に大きな活字を使い、いわさ

きちひろのメルヘン風の絵をふんだんに盛り込んだ童話風体裁の本だった。

トットちゃんというのは、黒柳の幼少時代の愛称。好奇心が非常に強い、おしゃべりで、自由奔放な性格だったことから、公立小学校ではもてあまされ、東京・自由ケ丘の私立「トモエ学園」へ転校する。校舎は、古い電車。時間割も子どもの自由意思に任されたたいへん風変わりな小学校。トットちゃんはここでのびのびと育つ。小林宗作校長が、「君は、本当はいい子なんだよ」と、個性を認めて、大らかにつつんでくれたからだ。

偏差値で生徒を推し量る時代風潮にあって、おとぎの国の夢の学校のようなお話は、マスコミあげての話題となった。書店ではハネが生えたように売れつづけ、「本が一時、札束のように見えた！」といった話が聞こえてきた。

黒柳に本の執筆を依頼したのはブームにさかのぼること二十年前。出版社は初版二万部、トータル十万部売るのが当初の目標だった。しかし、八カ月後には、出版史上空前の記録『日米會話手帳』の三百六十万部を軽く抜き去り、一年後には五百万部、最終的には、文庫本も含めて七百万台に乗った。

すさまじい売れ行きは昭和天皇の耳にも達した。八二年四月、東京・新宿御苑の園遊会で黒柳は、「よく売れたそうで……」と陛下から声をかけられている。

莫大な印税は全額、ユニセフの「トット基金」に寄付された。

黒柳徹子は、窓ぎわから、台頭したテレビの中央に映し出されるようになって、すでに半世紀その位置を占拠している。

八十歳を越え、立て板の水の饒舌には、もたつきが見られるようになったが、彼女はブラウン管の中で最期を迎える勢いにある。

一九八二年『悪魔の飽食』――七三一部隊の実像に迫った作家の執念

戦後の出版界で、ベストセラーを恒常的に刊行しつづけた光文社には、カリスマ経営者神吉晴夫が去った後にも、ＤＮＡは遺った。

その血の流れを久々に実証したのが、森村誠一の『悪魔の飽食』だった。旧関東軍の細菌部隊の行状を白日の下に暴いた記録だった。

百聞は一見に如かずと、続篇には貴重な写真が添えられていたが、その衝撃写真は、細菌部隊に関係のない別物であるという大チョンボを犯していた。同社は『第三の眼』でも前科があった。

関東軍満州七三一部隊の全貌は、いまもなお、闇の中に封じ込まれている。昭和前半の日中十五年戦争下、傀儡国・満州で極秘裏に編成されていた恐るべき細菌部隊だった。

中国人、ロシア人など三千人を〝丸太〟と称して、生体実験に供し、細菌戦兵器開発のために、無差別に殺戮していたとされるが、敗戦直前にその部隊と施設の痕跡は、徹底的に破壊・隠蔽されてしまった。

推理作家の森村誠一は、戦後三十余年後に、「赤旗」日曜版に小説「死の器」を連載中、七三一部隊の生存者多数と接触する機会を得た。
森村は、同部隊の恐るべき素顔を知って、日本陸軍が生んだ悪魔の部隊――国際法上で禁止されている細菌戦部隊の全貌を、実録として書きとどめておくべき使命に駆られ、地を這うような取材を重ね、未公開写真多数をそえて衝撃の新事実をまとめあげた。
「日本が戦争という国家的集団発狂に取り憑かれた時代に、他国民に対して犯した残虐の記録」と、著者自身が煽った『悪魔の飽食』は、八一年十一月に発売されるや、話題に相乗してベストセラーに駆け上がり、八二年九月までに百八十九万部、同年七月に発売された『続・悪魔の飽食』も八十七万部という売れゆきだった。
ところが、続編の巻頭写真三十五枚のうち二十枚が、一九一二（明治四十五）年に出された

『明治四十三、四年南満州「ペスト」流行誌附録写真帳』に収録された写真で、細菌部隊の写真とは別物であることがわかり、版元の光文社は新聞紙上に「おわび」を出し、本は回収することになった。

その話題性と衝撃性で、「最初の本は三百万部、続編も百五十万部は売れました」と、著者は語っている。

一九八三年　『積木くずし』――非行に走った娘との格闘を綴った実録

学歴社会が確立され、受験一辺倒の詰め込み主義教育について行けない子が、非行に走るケースが多発していた。

そのような子供を抱えた親たちは、荒廃した親子関係を繕う術もなく、せっぱ詰まって子供を殺し、自らも生命を断つ悲劇も起きていた。名の知れたタレント、穂積隆信が落ちこぼれて非行に走るわが子との、壮絶な闘いをありのままに記録した『積木くずし』はこの時代に出るべくして出た本といえた。

なじみの薄い学参(学習参考書)ものの桐原書店から『積木くずし』が出版されたのは、八三年九月二十日である。

非行に走った娘をなんとか立ち直らせようと、夫婦して死にもの狂いで悪戦苦闘する経過を描いた実録だった。発売されるや、たいへんな反響を呼び、桐原書店の電話がヒートするほど、注文が舞い込んだ。世間では、親子の確執、教師と教え子の断絶が大きな問題となっていた。『積木くずし』は、まさに時宜に適ったのである。

高校教師の前歴をもつ、桐原書店の山崎賢二社長のもとへ、知人を通して俳優の穂積隆信の原稿が持ち込まれたのは、あちこちの出版社から体よく断られた後だった。山崎はすぐ読んでみて、「タレント本のほとんどが、世間の笑いものになりたくないと、きれいごとばかり書いて一身上の恥は書かないのに、穂積さんは大胆に、非行少女の娘のことを、恥も外聞もなく書いていました。私はよしいこうと、出版することにしました」と語っている。

穂積は知人の協力を得て、親子の確執をありのままに綴っていた。非行に走った一人娘を、叩けば直るとばかりに厳しくするが、娘は逆の方向に行ってしまう。思いあぐねた夫婦は、警視庁少年相談室に出向くが、係官が指示した治療の五カ条は、「子供と話し合いをしてはいけない」にはじまる処方箋だった。

壮絶な親子の闘いが始まる……。『積木くずし』は、賽の河原の石積みにも似たその過程を、いつわりなくリポートしていた。同じ悩みを抱える人々はこぞってこの本に飛びつき、一年余で二百八十万部の超ベストセラーに押し上げていた。

この超ベストセラーの印税に舞いあがった穂積夫婦は、非行の子どもに悩む相談にのり出すが、娘は再転落し、夫婦は離婚するという大積木くずしが、この後にあった。

『積木くずし』的な家庭は、増えることはあっても減ることがなく、ますます複雑なくずれを見せていくだろう。

一九八四年　『愛のごとく』――〝不倫願望族〟にカタルシスの効能

フィクション部門で、作品を刊行すれば例外なくベストセラー入りする作家がいた。有吉佐和子、山崎豊子、司馬遼太郎、松本清張、五木寛之、赤川次郎、渡辺淳一などである。

不振にあえぐ出版界は、これらの作家に殺到するが、有吉、松本はすでに亡く、活躍中の作家の作品は大手出版社に限定されていた。

特に、男女のあいだのドロドロした関係を小説のテーマにして、執拗に書きつづける渡辺淳一は、救世主の感があった。

『愛のごとく』は、中年に達した妻をもつ男性と、二十八歳のOLの五年越しの三角関係を追った小説である。

前年、大きな話題になった『ひとひらの雪』と対をなす小説で、渡辺淳一のリアリティあふれる筆づかいは、不協和音を奏でながらも、なお離れられない男女関係の業の深さをみごとに描きだしていた。

四十二歳の風野克彦は、小田急沿線の生田に狭いながら書斎のある小住宅を構えている。週刊誌と月刊誌を執筆の拠点に、東奔西走の身だった。行動は自由で、妻に内緒で愛人の矢嶋衿子に、毎月十万円程度を渡せる余裕ももっている。彼は、その行動の自由さを口実に、愛人のマンションへ三日とあげず泊まって、性の交わりを続けていたが、カンの鋭い妻に不審の行動のすべては、読み取られていた。

十四歳年下の愛人・衿子は、こんな妻におびえ、家庭のにおいを持ち込んでくる優柔不断な男の偽りにみちた言動に激しい嫉妬の炎を燃やし、ことあるごとに、別れる別れないの争いを繰り返していた。二人をギリギリのところで繋ぎとめていたのは、性の絆だった。

だが、その絆も愛人のヒステリーの爆発、妻の陰湿な反撃に遭って、ほころびはじめる。中年男の風野は、愛人と家庭のはざまで、激しく揺れ動きながら、妄執を捨てきれないでいる…。

小説『愛のごとく』は、結末らしい展開もなく、ここで終わっていた。

渡辺淳一の小説は、男女中年層に圧倒的な人気があった。それは〝不倫〟に憧れ、いちどはその関係に身をおきたいと念じながら、分別が先立って願望だけに終わる彼らの、カタルシスの効能をはたすからと考えられた。

渡辺淳一は、性の周辺をあくこともなく描いた作家であった。手馴れた描写で、読む者を確実に勃起させ、濡れさせる第一人者だったが、文学上の評価は低かった。

しかし、彼はよく稼ぎ、よく女性に投資し、そこから得たものを作品に還元したことでは、〝失神作家〟川上宗童と双肩を成していただろう。

一九八五年　『アイアコッカ』──クライスラー再生劇を赤裸々に

『雑高書低』──雑誌の売れゆきで書籍の不振を支える現象を指した。

昭和も末期に入った八〇年代、この傾向は強まる一方だったが、不振の書籍部門で上位に顔を出したのは、経済書出版社から刊行された『アイアコッカ』だった。

アメリカで発売五週間で百万部を突破。さらに連続六十四週間ベスト一〇入りという怪物人気が、日本の出版界を動かしたのである。元本の表紙には、協力者《コラボレーター》の名前が刷り込まれていて、ゴーストライター・オンリーの日本に教訓を与えた。

一九八五（昭和六十）年の最大の話題本となったのは、ダイヤモンド社から翻訳出版されたリー・アイアコッカの『アイアコッカ─わが闘魂の経営』だった。当時、アイアコッカといっても、日本では無名に近い実業人だったが、アメリカでは大統領候補に擬せられるほどの大人物になっていた。

彼は貧しいイタリア移民の子から身を起こし、フォード社に入って社長にまで上りつめるが、創業者の孫フォード二世に、あっさりクビを切られていた。

　生まれながらに自動車王国のトップを約束された二世の経営哲学は、「上に立つ者は、部下に居心地のよい思いをさせてはならない。常にヤツらの意表を突き、不安な状態にさせておけ」という冷酷なものだった。

　アイアコッカは、社長に任命されるとすぐこの哲学を教えられ、十年後にはその教えを地でいって解雇されてしまった。その屈辱は「二世を殺すか自分を殺す！」にまでに高まったが、辞めて二週間後、ライバル社だったクライスラーの社長に請われ、フォード社を見返すために死にもの狂いで働くことを心に誓い、ひとまず腹に収めた。

　入社後一年、同社が倒産の危機に瀕すると、アイアコッカは再建のための方策をつぎつぎに打ち出し、クライスラー社を奇跡的に蘇生させた。彼はこの成功により、一躍、アメリカ・ビジネス界の英雄——アメリカン・ドリームの体現者となった。

　この著書は、その経緯を赤裸々に述べていて、発売五週間で百万部を突破、さらに連続六十四週間ベスト一〇入りという、アメリカでもめったにない人気を保ちつづけた。

その勢いを借りて、日本版も一年間に五十数万部のベストセラーに駆け上り、翻訳の経営書としては稀有の記録をつくったのである。

一九八六年　赤川次郎の三毛猫シリーズ――年間ベストセラーに五点登場

〝週刊赤川〟の異名を持つ赤川次郎は、現代出版史上で、刊行点数の多さと累積売り上げ部数で、ギネスブックものであろう。

ユーモアにまぶしたライト・ミステリィーを量産し、そのほとんどがベストセラーになっている驚嘆すべき作家である。

当然、莫大な印税が湯水のように入ってくるわけで、下世話なデーターによると、一九八三(昭和五十八）年から文壇多額納税者のトップに立ち、一九九五（平成七）年まで十三連覇の大記録を樹てていた。その収入や怖るべし！

一九八〇年代から九〇年代にかけて、小説部門のベストセラー上位を占有しつづけた作家が、赤川次郎だった。ミステリー作品『三毛猫ホームズの推理』で、若い読者の圧倒的支持を得て以来、旺盛な筆力でつぎつぎと作品を発表、〝週刊赤川〟の異名をとっていた。ちなみに、八〇年十七冊、八一年十二冊、八二年十九冊の単行本をを出し、八三年以降は年間二十冊を超す超人ぶりであった。

赤川次郎の小説がことごとく売れる理由は、内容が現代感覚に富んでいて、コメディータッチでスピーディー、読みやすいことだった。

推理小説の巨匠・松本清張の作品が、物理的トリックを心理的な作業に置き換え、特異な環境ではなく日常生活に舞台を設定しているのに対して、赤川作品は清張のリアリズム描写の対岸に立った推理小説だったのである。

清張の描く小説が野暮で重く、ユーモアのかけらもないフィクションであるのに対し、赤川は粋でスマートで爽やかだった。それを配役にたとえると、清張の場合、貧乏な刑事がうどんをすすりながら調べていくといった、読者の生活と同次元に立っているのに対し、赤川はネコと刑事、泥棒と刑事が夫婦であったり、『ひまつぶしの殺人』では、詐欺師と弁護士と殺し屋と警官が同じ家族という、ナンセンスの極みのような構成になっていた。

それでいて赤川作品には、一冊読んだら二冊、三冊とつづけて読ませる中毒性があった。〝週刊赤川〟の出すもの出すものが、初版二十万、三十万からスタートして、たちまちベストセラーに躍り出ていく秘密は、若い読者を重症の〝赤川中毒〟に感染させる毒素の強さにあったのだ。八六年の年間ベストセラーで、赤川作品は三位の『三姉妹物語』をはじめ、四、六、七、八位の五本を占めるという空前の記録を作った。

赤川次郎は、おそらく日本の作家では執筆量で第一人者になることは間違いない。

一九八七年『サラダ記念日』——歌集では空前の大フィバー

ジンクスは必ず破られるものである。が、千部単位の売れ行きが常識だった新人の歌集が、一年後に二百万部のミリオンセラーに達することを予想した者は絶無だった。

文芸出版の老舗河出書房新社が、経験則が幅をきかす出版常識をくつがえして、破天荒の戦略を断行。「与謝野晶子以来の大型新人類歌人」と謳って売り出しにかかる。初刊は八千部だった。業界はその部数を聞いて「担当編集者は気違いかバカか」と噂しあった。

「この味がいいね」と君が言ったから七月六日はサラダ記念日

歌集に関するかぎり、日本の出版史上、空前絶後の超ベストセラーだろう。

一九八七（昭和六十二）年五月に発売された『サラダ記念日』が、アッという間にミリオンセラーに達したのである。

「八月の朝」五十首で角川短歌賞を受賞した注目の新人とはいえ、一千部、二千部単位の売れ行きが常識だった歌集が、このような動きを示すと予想した関係者はいなかった。あの商売上手な角川春樹にして、女性編集者から俵万智の歌集企画が出されたとき、「新人の歌集が売れるはずはない。やめておけ」と、取り合わなかったという。

それを当時、河出書房新社の「文藝」副部長だった長田洋一が、地方紙で読んだ俵万智のエッセイに注目し、本人に会ったうえで出版を勧めたのである。

届けられた短歌を読んだ長田は、「一首読むと、次の歌が待ち遠しい。俗に寝食を忘れ没頭するといいますが、時間の経過も忘れて、一晩で全部読み」出版を決意した。当初、初版三千部を考えていた。最終的に、定価九百八十円・八千部と決め、読者年齢層の高い媒体を意識的に選んでパブリシティーを行った。はじめは比較的年齢の高い世代を攻め、徐々に下げてきて、俵と同世代、そして高校生世代に浸透させる戦略だった。

俵万智はそのとき二十四歳。未婚で神奈川県下の高校の国語教師だった。初々しい新人類の『サラダ記念日』は、発売三週間ほどは大都市中心に売れていたが、NHKや大新聞のコラムに取り上げられて大フィーバーした。

発売八週目の七月六日は、俵が命名した「サラダ記念日」。この日出版元には千五百本の注文電話が殺到、八月十二日には早々と、百万部を超える。〝サラダ記念日現象〟が起こったのである。俵万智は、昭和、平成期の与謝野晶子であった。

第五章　出版ボーダレスの平成

一九八八年『ノルウェイの森』――「生の一部」として性と死を描き大ヒット

天皇が吐血。容態は悪化し、行事・興業・広告・宣伝などの自粛が相次いでいる年だった。

その一方でX日を想定した出版企画が潜航していた。

昭和の終焉を予想されたこの年、ベストセラーの一位と三位を占めたのは村上春樹の『ノルウェイの森』上・下、『ダンス・ダンス・ダンス』上・下だった。

若い女性に圧倒的に支持された春樹作品は、刊行すればベストセラーになる定番だった。

昭和から平成にかけて「活字の周辺」を賑わせたのは「サラダ・ノルウェイ・ばなな現象」だった。俵万智、村上春樹、吉本ばななの一連のベストセラーを指しているが、三人の作品の読者に共通しているのは、若い女性が圧倒的に多いことだった。

とくに「一〇〇パーセントの恋愛小説」をキャッチフレーズにした『ノルウェイの森』は、十八歳から二十二、二十三歳までの女性が読者の中心を占めた。

同著が初版上・下巻各十万部という大部数でスタートしたのは、八七年九月。村上は純文学作家では異例の〝十万部作家〟の評価が定着していたが、『ノルウェイの森』はそんな定評をもはるかに上回るスピードで版を重ね、発売一年で二百万部を超えた。

出版界の常識を超えた売れ足の速さは、村上自身の提案で上下巻それぞれに装丁を赤一色、緑一色に統一、さらに金色の帯を巻いてゴージャスな感じを出して、若い女性のファッション感覚にゆさぶりをかけた点にもあった。

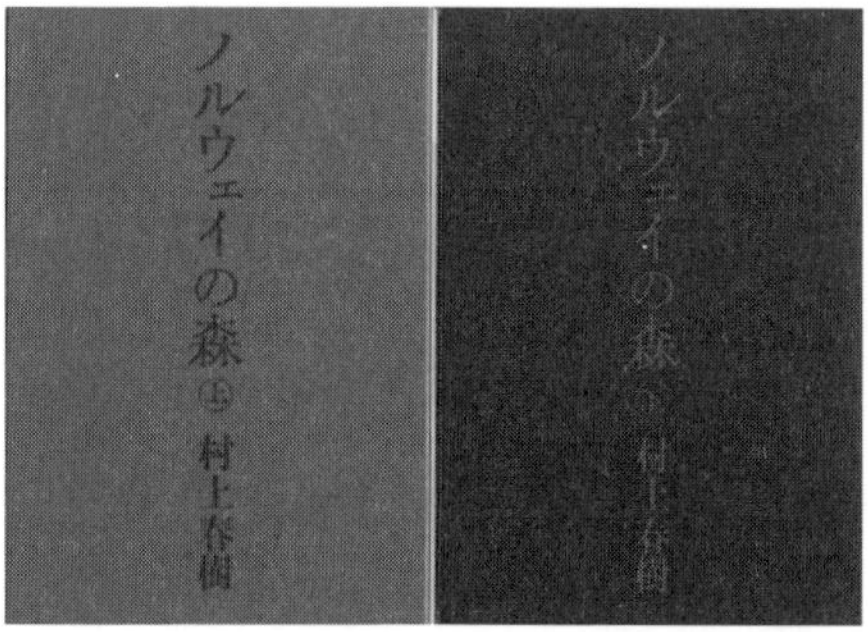

もともと村上作品は、ファンタスティックな非現実的世界を扱い、文体はリズミカルで読みやすく、女性の描きかたもやさしい。『ノルウェイの森』は三角関係を扱った恋愛小説、純文学の格調を保っているものの、恋人の友人である年上の女性と交わるところは、読みようによってはポルノ小説と間違えられそうな雰囲気を漂わせていた。

だがこの小説では、セックスをドロドロしたいやらしいものではなく、すっきりした日常的なものとして扱っていた。つまり性を、男女を結ぶ親密なコミュニケーションの手段として扱う一方で、親友や恋人の死を日常的な視点でつづり、人間の根源にかかわる性と死を「生の一部」として描くことで読者の共感を得たのである。

いまや、村上春樹は、ノーベル文学賞候補に擬せられ、世界でいちばん知られた日本人作家となっている。

一九八九年 『キッチン』——特異な発想と感覚をマンガ世代が支持

元号が昭和から平成に変わったこの年、ベストテンの一、二、六、八位を、新人作家の吉本ばなな作品が占めた。『TUGUMI』『キッチン』『白河夜船』『哀しい予感』である。

〝ばなな現象〟という言葉がマスコミに登場するが、読者は十代、二十代の女性だった。マンガチックの筆名だったが、彼女は全共闘世代の教祖的存在、吉本隆明の次女で、姉にコミック作家ハルノ宵子を持っていた。二十世紀末期になると、新感覚作家の活躍が顕著になっていたのである。

新人の域を出ない若い女流作家吉本ばななの小説が、ことごとくベストセラーとなり五点で合計五百万部を超えたのは、一九八九（平成元）年の秋であった。

その時点での個々の部数は公称で―『ＴＵＧＵＭＩ』百四十一万部、『キッチン』百二十三万部、『うたかた／サンクチュアリ』八十八万部、『白河夜船』七十三万部、『パイナップリン』五十二万部と公表されていた。

作家の名前は、吉本ばなな。本名は真秀子といい、全共闘世代の教祖的存在で詩人・評論家の吉本隆明を父にもつ二十五歳の独身女性だった。

その彼女が、好きなバナナの花にあやかったマンガチックなペンネームで文壇にデビューしたのは八七年だった。『キッチン』で文芸誌「海燕」の新人賞と泉鏡花賞を受賞し、一躍注目を浴びるが、その小説は、「私がこの世でいちばん好きな場所は台所だと思う」という意表を衝いた書き出しから始まっていた。

あらすじはといえば、一緒に暮らしていたおばあちゃんが亡くなり、一人ぼっちになった「私」が、おばあちゃんの知人であった田辺雄一という青年に誘われて、田辺家の居候になる。同家には雄一のやさしい母親がいて、台所好きな「私」を慰めてくれている。が、雄一の母親とみられた女性は、じつは彼の父が女装した姿であったという、どんでん返しの展開になっていた。

吉本作品は、デビュー作の『キッチン』にかぎらず、総じて登場人物のキャラクターが特異で、非現実的だった。文章にしてもオノマトペア（擬声語）を多用、会話は若者たちの日常語がふんだんに使われ、伝統的な文学のセオリーを無視した、あっけらかんのマンガタッチを特徴としていた。

この発想と感覚、そして表現方法がマンガ世代の共感を呼び、圧倒的な支持を得たのだった。昭和の初期、感覚派と呼ばれる作家が出現したが、吉本ばななは平成期の感覚派作家として名を遺すまでになった。

一九九〇年『愛される理由』――有名人の私生活を覗き見る楽しさ

出版界の生産・流通部門の人手不足が深刻化した。いずれも3Ｋ（きつい、危険、汚い）産業に属するとして、嫌われはじめたのである。

この年、朝日新聞社出版局から刊行された、両親に有名俳優をもつ二谷友里恵の、超人気歌手郷ひろみと愛を育てた経過を綴る『愛される理由』が、ミリオンセラーになった。

二人は何年か後に、二児を成して離婚する身であったが、売るためには「何でもアリ」の時代に入っていて、明日のことなど配慮する間はなかった。

世紀末に入った一九九〇（平成二）年に、突如ミリオンセラーに躍り出たのが、タレント二谷友里恵の『愛される理由』であった。

出版元は朝日新聞社である。

その硬い媒体イメージと、ややかけ離れた感じの著者だった。

二谷友里恵の両親も高名な俳優で、彼女は慶應大学に学び、幸福を絵に描いたような独身時代を経て、アイドルタレント郷ひろみと結婚していた。

その彼女が、郷との出会いから愛の告白を受け、親の反対を相手の誠実な態度で軟化させて結婚、そして妊娠して「胎内のわが子に生命を救われ」、無事に子どもを産むまでを感動的に描いたのが、『愛される理由』だった。

読者の主力は当然、女性だったが、この本にはベストセラーとなる条件が過不足なく用意されていた。たとえば、タイトルが「愛」という同世代の若い女性を魅きつける、受動的配慮がなされていたこと。主な登場人物が

芸能界で活躍する超有名人であり、読者の隣人よりよく知られた存在だったこと。その有名芸能人の幾重にも隠された私生活を覗き見できそうな期待感を抱かせたこと、などであった。

名うての読み巧者、井上ひさしさんがそのあたりの見事な分析を加えているので、少し長くなるが引用させていただくと——、

「芸能好きで、有名人好きの『われらの読者たち』がこれを見逃すはずはなかった。(中略)だが、これだけでは話題にはなっても、その質は保証されない。

そこで二谷さんは『私小説』の伝統や技術を上手に生かした。作者の実生活上の悩みや苦しみ、読者の読書行為は、この他人の秘密を覗く秘かな楽しみからはじまるが、その作品がいいものであれば、かならずそれらの作者の実生活上の悩みや苦しみは読者の悩みや苦しみと重なり合う。二谷さんはこの方法をじつにうまく利用している」

装丁も、タレント本のイメージに遠い白をベースにしているのがよかった。

一九九一年『もものかんづめ』――若者に受けた人気漫画家の失敗談

湾岸戦争に、戦争を放棄した日本が支援策として九十億ドル（約一兆二千億円）も追加支出した年であった。

篠山紀信が宮沢りえのヌード写真集『Santa Fe』を刊行して、高額にもかかわらずベストセラーになる一方で、漫画家さくらももこの漫画を活字タッチにおきかえた『もものかんづめ』が大当りし、毒舌漫談ビートたけしの『だから私は嫌われる』が二位を占め、三位にけったいな翻訳もの『真夜中は別の顔』上下が売れた。

さくらももこの漫画『ちびまる子ちゃん』は、六十年代後半の地方都市に住む小学生の平凡な日常生活を描いたギャグマンガだった。テレビのアニメ化と同時に、サブテーマ曲「おどるポンポコリン」の効果も手伝って、超人気コミックとなり、巷は「ピーヒャラ ピーヒャラ」

のナンセンス・ソングの氾濫となった。

その原作者の漫画を、活字タッチにおきかえたエッセイ集『もものかんづめ』が刊行されたのは、一九九一（平成三）年春である。装丁と装画を、筆者自ら担当したハンディな本で、内容は「奇跡の水虫治療」を巻頭に、「サルになった日」「底なし銭湯」「週刊誌のオナラ」「結婚することになった」……と、彼女の身辺を語った十六話の面白おかしいエッセイが、さくらももこ独特のデフォルメと甘辛い味付けで取り揃えられていた。

読者は十五歳〜十六歳をピークとする女性七・男性三のハイティーンたちで、圧倒的に受けたのは、彼らがサボったりドロップアウトする行為や、日常生活でふと犯す失敗、ズッコケなどを、正当化し弁護してくれているからだった。

発展途上にある若者の世界は、懸命に努力してもうまくいかないことがいっぱいある。おとなは、そんな彼らの過程を見ないで、結果だけで判断して苦言を呈するケースが少なくなかった。

ももこは、その点、自らの体験を通して「失敗なんか気にすることはない」と笑い飛ばしてくれるのだった。

人気漫画家があっけらかんと綴ったこの種の本が、反響を呼ばないはずはなかった。若い女性の口コミに乗り、「おどるポンポコリン」の曲にも後押しされて、年末までに百十万部というこの年のベストセラーのトップを独走したのである。

〝ももこブーム〟は翌年の『さるのこしかけ』につながってゆく。

漫画文体でも、寝言文体でも、結果よければ、すべてよし！の出版状況に当面していたのだ。

一九九二年 『それいけ×ココロジー』——人気テレビ番組をそっくり活字化

年間約千店の書店が転廃業している現実を前に、日書連が『書店経営白書』を発表。正味引き下げ運動を展開した年だった。

商品効率の悪い専門書、学術書は敬遠され、コミック、雑誌、文化、タレント本などの儲けの見込める商品構成に傾斜を強めたのである。

売れ筋の本が、軽薄もので占められたことに、出版界の苦境が炙り出されていた。

「文化の灯を消すな！」と書店の窮状を訴える東京大集会が開かれたのは、十一月十七日だった。

平成時代に入って、テレビの人気番組や人気タレントがらみの出版が、より加速されるようになった。

ベストセラーに対して、テレセラー本を希求しての刊行だったか、一九九二（平成四）年のベストセラー・トップにたった『それいけ×ココロジー』は、まさにそれを地で行った本だった。

テレビの方は、同名のタイトルでよみうり系テレビ土曜日夜十時から、十一時までの時間帯に放映されている人の心を覗くお遊び番組だった。所ジョージ、山口美江らのレギュラー陣に、著名なタレントをゲストに迎えて「こういう場合はどうするか？」といった様々な設問に答えさせ、そこから潜在意識を探る心理学バラエティーとなっていた。
一例をあげれば、「もし、もうひとりの自分がこの世に存在したら、あなたはどうする？」という問いにゲストが答える。
回答者が、「仕事の半分をやってもらう。好きな人がふたりいたら、そのうちのひとりとつきあってもらう」と欲張った答えをすると、すかさず、「いろいろ仕事をしたい、いろいろな恋をしたいという心の反映だ」と、毒にも薬にもならない〝心理分析〟が加えられるという趣向であった。

『それいけ×ココロジー』は、この番組をそのまま活字化したもので、発売二カ月前後で八十三万部、年間で百五十万部のベストセラーとなった。

読者層は若い女性が過半を占めたが、彼女たちが「気になるあなた・真実のココロ・見えない自分」のサブタイトルのついたこの本に飛びついた理由は、根拠のない血液型、星占いを好む根強い性向に、心理的な裏づけがあるようにみせるところが受けたと思われる。

他にこの年、視聴率の高いテレビと連動した出版に『タモリのダウンタウン世紀末クイズ』『ウルトラマン研究序説』『たけし・逸見の平成教育委員会』などのアヤカリ本があった。

一九九三年　『マディソン郡の橋』——感動呼んだ中年男女の至高の愛

ベストセラーは、「日頃本を読まない女性が買ってくれる本」という逆説《パラドックス》がある。いま一つ、「読んで泣ける」要素があると、その本は口コミによって広まり、ベストセラー街道を驀進することになる。

不況下の出版界で、一九九三（平成五）年三点のミリオンセラーが生まれ、そのトップになったのは、R・J・ウォーラーの『マディソン郡の橋』だった。売れ筋に遠い題だったが、版元

の文藝春秋の社員に読ませたところ、そのひたむきの愛に泣いたということから、フィーバーしたのである。

マディソン郡の橋――翻訳書のこの地味なタイトルからは、五十二歳のカメラマンとアイオワ州マディソン郡に住んでいた人妻との四日間の信じ難い愛の営みと、その思い出を終生胸に封じて死ぬまで他人に明かさなかったという稀有の恋愛小説の片鱗すらうかがえない。

物語は、作者ロバート・ジェームズ・ウォーラーが、一九八九年一月に六十九歳で死んだフランチェスカ・ジョンソンの日記を、その子マイケルとキャロリンの助けを借りてまとめた形をとっていた。

ストーリーの発端は、国際的に知られた雑誌「ナショナル・ジオグラフィック」の仕事で、屋根付きの橋を撮影するためにやってきた実年のカメラマン、ロバート・キンケイドと、その地に暮らす四十五歳の農夫の妻の運命の糸にたぐり寄せられたような出会いに始まっていた。

彼女の夫と二人の子どもは、ちょうど子牛を出品するためにイリノイ州の農産物共進会に出かけていて、留守だった。

旅のカメラマンと平凡な農家の妻との燃えるような二人だけの時間は、この偶然によってもたらされた。二人は四日間で「たとえ何度生まれ変わったとしても、こんなことは二度と起こらないだろう」愛の体験をもった後、二度と会うこともなく、四日間の愛の思い出を生命の灯が消えるまでもちつづけることとなったのである。

『マディソン郡の橋』をつらぬくテーマは、愛を至高にまで謳いあげた感動だったが、この小説が大化けするヒントになったのは、本が世に出る前に、出版社内で読んだ人たちが等しく感動のあまり泣いたことだった。

販元の文藝春秋は、この「泣ける」をキーワードに販売戦略をたて、自社の雑誌で特集記事や対談を載せて話題を煽り、二年後に二百数十万部の超ベストセラーとしたのである。

一九九四年『大往生』――重いテーマを笑いに包んで大成功

電波タレント永六輔と、アカデミック系列の岩波新書の結びつきには、ミス・マッチのそしりはまぬかれないムードがあった。

その永六輔を起用して、軽妙な語り口で一冊にまとめた『大往生』が、岩波新書創刊五十数年間に刊行された二千数百点の中で、一年足らずで二百万部の大記録となったのである。

一九五九（昭和三十四）年に刊行され、三十五年間に延べ百四十万部に達して、それまで最高部数を誇っていた清水幾太郎著『論文の書き方』を、アッという間に抜いてしまった。

イギリスのペンギン・ブックスに範を仰ぐ岩波新書は、型がスマートでハンディ、分量も一気に読み切るのに適していた。

その範疇は自然科学から哲学、歴史、体験と知的レベルの教養書となっていた。この新書の部門に、数十万部から百万部を超える話題本が輩出しはじめたのは、九十年代に入ってからである。

一九九四（平成六）年のベストセラーで断然他を圧してトップを独走しつづけたのは、岩波新書の永六輔著『大往生』だった。発売三カ月で三十万部、七カ月で百二十万部と、一九三八（昭和十三）年に岩波新書が創刊されて以来のスピードで売り抜けて、清水幾太郎著『論文の書き方』が三十五年間かけて築き上げた百四十万部を年内に超えてしまったのである。

硬い、難しいイメージだった既刊の岩波新書は、新赤版となってからカミシモを脱ぎ、読者の読書傾向に合わせる配慮をするようになっていた。『大往生』は、その流れにぴったり合った新書だった。アカデミックな岩波書店のイメージに遠かったタレント文化人・永六輔を筆者に選び、万人が避けて通りたい老死問題を、深刻ぶらないで、いちど笑いのめしたうえで、気楽に読める仕掛けにしていたのである。

永六輔は、軽妙な語り口で、主にラジオを舞台に八面六臂の活躍をし、大ヒットソング「上を向いて歩こう」「こんにちは赤ちゃん」などの作詞者としても知られていた。

その人が全国を旅するなかで聞いた、巷に生きる人々の老いや病、死に対する本音や至言ともいうべき言葉の断片と、父上で住職の永忠順の文章を加えて編み上げたのが、『大往生』だった。

本のタイトルは『大往生』となっていたが、永は「大往生とは死ぬことではなく、往って生きることである」と説いていた。

超ベストセラーの秘密は、重くなりがちなテーマを、笑いに包んで読ませる軽さにあったのだろう。

一九九五年　『遺書』――テレビ人気が活字の世界を後押し

海音寺潮五郎が、自著『天と地と』がテレセラーとなったのに、「文学がテレビの力を借りなければ読まれないなんて、嘆かわしいことだ」と、筆を断ったのは、四半世紀前だった。

そして、この年のベストセラー上位には、テレセラーの典型、コメディアンとして活躍する松本人志の『遺書』だの『松本』というけったいな書名の新書判が鎮座《ちんざ》していたのである。朝日新聞社刊で、「週刊朝日」に連載した言いたい放題本だった。

映像メディアが、活字文化の世界に大きな影響を与えるようになって四半世紀が過ぎた。テレビの人気番組に出演するタレントの本が、けた外れの売れ行きを示し、〝テレセラー〟なる造語がまかり通る時代になっていたのだ。

一九九五（平成七）年のベストセラー一、二位はテレセラーの典型、松本人志の『遺書』と『松本』だった。どちらも朝日新聞社の週刊誌「週刊朝日」に、一年間連載したエッセイをまとめたハンディな単行本であった。

松本は、「『週刊朝日』にコラムを書くことがオレにとってメリットがあるのか…読者のほとんどがおっさん中心の『週刊朝日』、うーん、ましてや一本書き上げるのに三、四時間かかり、おまけに挿絵まで自分で書き、はっきり言って五万円ポッキリ、けっしておいしい話ではない」と、楽屋落ちのようなことを書いていた。

初版は五万部だったが、松本人志・浜田雅功の「ダウンタウン」をテレビで見て、そのブラックジョークに腹を抱えて笑っている世代、十八、十九歳から二十四、二十五歳までの読者層にバカ受けした。

芸能界に生きるひとつのポリシーを「憎まれっ子世にはばかる」においた松本だけに、活字のスラプスティック・ギャグの破壊力はすさまじかった。『遺書』などという人騒がせなタイトルも、松本自身が決めたもので、「俺は天才だ」「遺言」など二十本近い案のなかから「意味のあるタイトルでない方がいい」と、あえて意表をついた『遺書』を選択したのだった。

前年の『大往生』につづいて、『遺書』が超ベストセラーに躍り出た。前者が岩波書店、後者が朝日新聞社と、出版界の常識からみてミスマッチの感は否めなかった。が、けた外れに売れた本には、常識を超えたインパクトが秘められていたのである。

テレビの後押し、恐るべし！

一九九六年『脳内革命』――心の問題は脳の問題と打ち出して

「平成最大のベストセラー」と、筆者が折紙をつけた超ベストセラー誕生の年であった。春山茂雄著の『脳内革命』①、②で、一巻が三百九十万部、続編もミリオンセラーになるという快記録を樹てた。

この年、さらに野口悠紀雄著『「超」勉強法』、グラハム・ハンコック著『神々の指紋』、近藤誠著『患者よ、がんと闘うな』、石原慎太郎著『弟』など、話題の本が続出して広く読まれた。

しかし、雑誌売上げに書籍の売上げが及ばない、『雑高書低』の流れは変わらなかった。

いま科学のいちばん大きな、そしていちばん興味深いフロンティアとして残されているのは、脳だといわれている。その未知の領域である脳内に、革命を起こさせるという大仰なタイトルの本がブームを呼んだのは、一九九五（平成七）年から九七年にかけてであった。

著者は東大医学部出身の春山茂雄で、人間は体内にあらゆる疾患に対しての防御機能をもっており、それが十分に機能していれば、がんや心臓病、脳血管障害、つまり現代の三大難病もかなり少なくなるはずだとの説を展開していた。そして、脳のなかにモルヒネに似た物質ホルモンが分泌されていて、物事を前向きにとらえると、脳だけでなく、体全体を好転させるというのだった。

逆に、怒ったり強いストレスを感じたりすると、脳からノルアドレナリンという有害物質が分泌されて、病気になったり老化が進んだりして早死にするという。

著者はこの根拠に立って、何事に対しても肯定的に考え、行動するよう勧めたのである。

『脳内革命』は、九五年七月に店頭に並んだが、その直後にビジネスマンに絶大なファンをもつ経営コンサルタントの船井幸雄が著書で紹介し、全国紙で春山茂雄と対談したことから反響を呼び、俳優石田純一、歌手さだまさしとのタイミングのいい大手新聞の全一ページを使った対談広告で女性層に読者を広げ、口コミにものって大化け本となった。九六年二月に百万部を突破、一年目に二百万部、続編が発売された同年十月には三百万部の大台に乗り〝平成最大のベストセラー〟を誇称した。

ブームの裏には、過去に三点のミリオンセラーを演出した出版プロデューサーがいた。彼はいまの時代を物の時代でなく心の時代ととらえ、心の問題は脳の問題と明確なセールスポイントを打ち出した。それが見事に当たっての勝利だった。

一九九七年『失楽園』――一夫一婦制を揺さぶった大胆な性愛小説

渡辺淳一の小説は、刊行されるや必ずベストセラーになる定番だった。が、不倫の果てに交合したままで情死する『失楽園』の全篇に塗り込められた濃厚なセックス描写は圧巻だった。それに加えて、新聞連載後単行本化、続いて映画化、ラジオドラマ化、テレビドラマ化され、スポーツ紙や週刊誌の〝不倫〟をテーマにした特集の追風もあって、社会化現象になった。売れる本は〝良書〟の評価が台頭する時代に入っていた。

『失楽園』は、企業に働く中間管理職を主たる読者とする「日本経済新聞」で、連載中から圧倒的な反響を巻き起こした性愛賛歌の小説であった。

出勤前や出勤途中に読む朝刊に連載されて話題を広げていった背景に、週刊誌の巻頭にヘア・ヌードを載せて臆面もない風潮があったのは間違いない。

作者の渡辺淳一は、『ひとひらの雪』『化身』『うたかた』と、一作ごとに話題となる男女のエロスの世界を、巧みな筆づかいで描いてきた。彼が一連の小説で執拗に追求しているのは、分別と社会的地位をもった男と女の性をともなった愛——一夫一婦制の婚姻制度のもとでは〝不倫〟と裁断される関係だった。

『失楽園』は、出版社勤めの妻子ある五十代半ばの男性と三十九歳の美しい医大教授夫人との、一夫一婦のしがらみを超えた絶対愛の世界であった。全編を通し、濃厚なセックスシーンが塗り込められていた。
上・下二巻のこの長編小説が、九七年に突出した売れ行きとなったのは、全篇にみなぎる性愛描写の大胆かつ鮮烈さもさることながら、映画、テレビ・ラジオドラマと、

同時進行により一大ムーブメント化していたからだった。

刊行元の講談社は、初版上・下五十万の大部数でスタートし、年内に二百六十四万部のミリオンセラーに押し上げていた。

作者は『失楽園』の執筆と同時進行で恋をしていて、「それは現実と夢と交錯しながらのもので、くわえて過去の恋や、その折々にきいて感じた音楽や情景なども思い起こし、いわゆる圧倒的な恋愛の状態に浸って」、全身で書いた格闘技小説だったと語っていた。

『失楽園』は、渡辺淳一の書かれるべくして書かれた小説だった。いわゆる文芸評論家には無視されたが、〝淳一ファン〟には、待望の小説だったわけで、見事にカタルシスを果たさせたといえる。「小説を書くとは、裸で銀座を歩くようなものだ」と言った人がいるが……。

一九九八年　『大河の一滴』——人生の苦難を説いた〝五木流歎異抄〟

不況に強いとされた出版界が〝未曾有の出版不況〟と嘆息した年だった。

一八八七（明治二十）年、「反省会雑誌」として創刊された「中央公論」の発行元・中央公論社がこの年に経営不振で読売新聞社傘下に入った。

この不況下、現代の辻説法師ともいうべき五木寛之の『大河の一滴』が、突出した売れ行きとなった。敗戦直後、北朝鮮で〝地獄〟を見ている五木寛之の活字の上の〝辻説法〟は、袈裟を着た作家瀬戸内寂聴の説法と双璧を成す好調ぶりであった。

五木寛之の『大河の一滴』は、「私はこれまで二度、自殺を考えたことがある」というショッキングな書き出しではじまっている。

出版すれば、常にベストセラーの上位に躍り出る人気作家であった。その五木寛之が、悩み迷う人々に贈った告白的メッセージが、九八年最高のベストセラーとなったのである。

出版元は創業五年と日の浅い幻冬舎。社名にヒントを与えたのは五木自身だった。

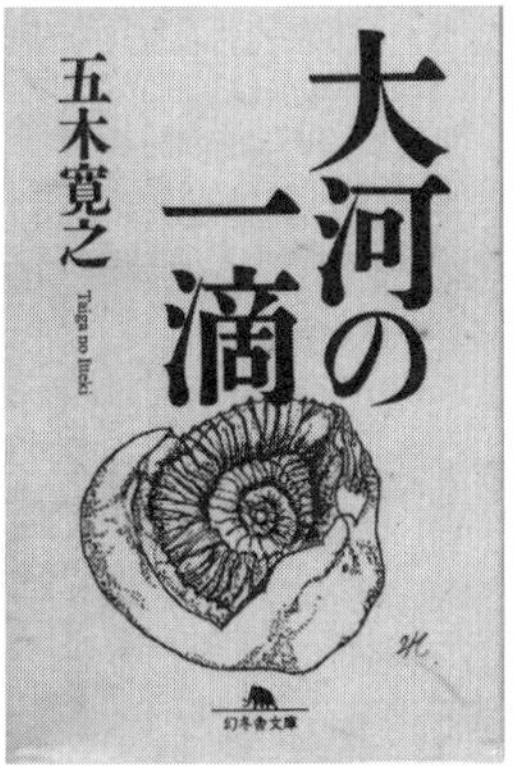

世紀末の九〇年代後半、日本はバブル経済の崩壊で、銀行、証券会社、大手商社までが倒産し、凶悪犯罪が多発する信じられないような様相を呈し、日本人は有史以来稀有なクライシスに直面して、茫然自失の体となっていた。

その彼らに向かって五木は厳しいメッセージを贈った。

「人間の一生とは本来、苦しみの連続なのではあるまいか。人は生きていくなかで耐えがたい苦しみや、思いがけない不幸に見舞われることがしばしばあるものだ。それは避けようがない。（中略）いまこそ私たちは、究極のマイナス思考から出発すべきではないか。まず、これまでの人生観を根底からひっくり返し、『人が生きるということは苦しみの連続なのだ』と覚悟するところから出直す必要がある。私はそう思うことで『こころ萎え』た日々からかろうじて立ち直ってきた」

本文は表題ともなった「人はみな大河の一滴」の書き下ろしの章と、ＮＨＫラジオで好評を博したトークエッセイ「ラジオ深夜便」などを加えた告白形式になっていた。

〝五木流歎異抄〟ともいうべき『大河の一滴』は、時世に合った出版と巧妙な宣伝を追い風に、単行本が百八万部、文庫が八十一万部に達し、続編の『人生の目的』（二〇〇〇年刊）も八十三万部を超える話題の本となった。

現代の〝辻説法師〟の面目躍如たる人生シリーズは、いまや刊行すれば〝当たり本〟の感がある。十代で〝地獄〟を見てしまった、この作家の臨終の言葉は、いかなるものか……。

一九九九年 『五体不満足』――明るく前向きに、そしてあっけらかんと

三年連続の売り上げ前年割れ下にあって、記録的なベストセラーになったのが、「先天性四肢切断」という生まれつき手と足のない障害をもった乙武洋匡著の『五体不満足』であった。

戦前だったら縁日の見世物に晒しかねない不具の体を、あえて表紙に出した勇気と見識――「障害は不便です。だけど不幸ではありません」と宣言する著者に、世間は深い共感と感動を増幅させたのだ。

平成時代の空前のベストセラーになったのは、初版六千部からスタートした乙武洋匡の『五体不満足』であった。

刊行四カ月で二百二十五万部、八カ月で四百万部突破という爆発的な売れ行きを示した。

この本には、編集上、いくつかの衝撃的な手段が織り

込められていた。

そのひとつは、物心両面のバリアフリー対策が急がれている折、『五体不満足』というズバリ障害を剥き出しにしたタイトルにしたこと。また、表紙カバーに電動車椅子に乗り、十字路でにっこり笑う両手両足のない著者の上半身だけの衝撃的な写真が公開されていることだった。

出版社側の主導で決められていたら、社会問題に発展しかねないファクターを含んでいたが、これは著者自身の提案で進められていた。

帯に自分で書いたキャッチフレーズも、障害の身を吹き飛ばす主張に溢れていた。

「ボクは、五体不満足な子として生まれた。不満足どころか、五体のうち四体までもない。けれども、多くの友人に囲まれ、車椅子とともに飛び歩く今の生活に、何ひとつ不満はない。『障害を持っていても、ボクは毎日が楽しいよ』。健常者として生まれても、ふさぎ込んだ暗い人生を送る人もいる。そうかと思えば、手も足もないのに、ノー天気に生きている人間もいる。関係ないのだ、障害なんて」

読んでみると、「胴体にジャガイモがコロンとくっついて」生まれたような子が、すばらしい両親と教師に恵まれ、前向きに自らの人生を享受している日々が、実にあっけらかんと報告されていたのだ。

衝撃的な本づくりと内容は、教師や父母たちに大きな反響を呼び、それに小学生にも読めるよう漢字に読みがなを付けた点なども受けて、大化け本になって、結果は〝大満足〟となった。

講談社を創業した野間清治は、出版界で計量化できるすべての面で日本一をめざした。その悲願は叶えられて、昭和に入るや九大雑誌を発行する、発行部数、売り上げ額、業態の規模、社屋を含めて、日本一になった。

創業者のＤＮＡは、百年後にも生きていて二十世紀末に『五体不満足』『だからあなたも生きぬいて』で当てたのも、むべなるかなの感がある。

二〇〇〇年 『だから、あなたも生きぬいて』
――非行少年と向き合う極道の妻だった弁護士

二十世紀の掉尾は、出版不況の中で多彩なベストセラーが続出した。

極道の妻から弁護士になった女性の自伝を筆頭に、世界的なブームとなる『ハリー・ポッター』シリーズの始動。『これを英語で言えますか』『「捨てる！」技術』『脳を鍛える』『巨泉の人生の選択』『プラトニック・セックス』等々と世紀末の混沌さを示すように、時代を映す鏡に映し出された本は様々だった。

一寸先は闇の世の中――ベストセラーはコンピューターでも予測困難の世界であった。

二十世紀の掉尾を飾ったのは、大平光代著『だから、あなたも生きぬいて』であった。前年『五体不満足』の超ベストセラーで騎虎の勢いに乗る講談社の刊行。荒っぽい文章で綴った転落と更生の自伝だった。

大平光代は、中学二年生のとき、いじめと親友の裏切りを苦にして、切腹自殺を図っていた。未遂に終わったが、中学校を中退し、十六歳で背中に刺青を入れて極道の妻になった。両親に背き、自分の居場所を求めてたどりついた先である。そこで六年後に養父となる人に出会って、「この世で『もうあかん』ということは、なにひとつない。やらんうちからあきらめたらあかん」と励まされ、翻然と立ち直りを誓った。

それからの彼女は並みではなかった。中学二年中退の学歴でいろんな資格をとる勉強を始め、八八（昭和六十三）年に「宅建」、九〇年に「司法書士」、そして二十九歳の九五年、難関中の難関とされる「司法試験」に一発で合格してしまった。

彼女はこの後、弁護士の道を選び、主として非行少年の更生に努めることになるが、事件を起こした少年たちに面会するため、少年鑑別所に頻繁に通う日々は、とりもなおさず自らの過去と向き合うことでもあった。

彼らの生い立ち、家庭の事情はさまざま。取り巻くシチュエーションは異なっていても、非行少年たちの身辺には「同じ臭い」がただよっていた。

彼女は、この「臭い」にひかれて、彼らの更生の可能性をみつけるための日々を送っているが、自らの犯した過去を赤裸々に語ることで、ひとりでも多く更生に導きたいという悲願を抱いていた。

本は二月下旬に刊行され、半年足らずで百七十万部を超えた。

その売れ足の速さに、いまの少年たちが抱える迷いや悩みの深さを垣間見る思いがあった。

第六章　活字と電子出版の相剋

出版界に〝黒船〟現れる

二十一世紀は、十五世紀半ばグーテンベルクによって発明され、六世紀にわたって栄えた活版による出版物が、危殆に瀕する時代に当面している。

まず、デジタルコンテンツを専用にする端末の開発が進み、二〇一〇年は電子書籍元年と喧伝されるまでになった。

アメリカで創られた情報端末「iPad」は、ネットで買って読める電子書籍の存在を示し、類似の「Kindle」「Reader」などが続々登場して、紙の媒体物を脅かすようになった。

朝日新聞の二〇一〇（平成二十二）年五月二十八日夕刊「素粒子」は、早速「書籍がすべて電子化されたらどうなるか？」と、次の通りに予測した。

◎必要なくなるもの。本棚と書庫。しおりとブックカバー。印刷のインキや紙資源。書籍の流通運送コスト。本を買いに行く時間。本や教科書を何冊も持ち歩く手間。

◎できなくなること。立ち読み。教科書にイタズラ書き。本を枕に昼寝。焚書。百科事典や全集をインテリアにすること。色あせた表紙の手触りとインキのにおいで思い出に浸ること。

「素粒子」の、ヤユまじりの「つぶやき」だったが、日本の出版界は一九九六年の二兆七千億円弱の総売上額をピークに、一転マイナス成長が続いていたから、折から電子書籍の出現は、恐るべき前門の虎と受け止められた。

電子書籍は、電子ブックリーダーで、目当ての著者やテーマを検索して、購入ボタンを押すだけで、居間にいて読みたい「本」が一瞬で手に入るわけだった。

出版業界が、この電子化されたデータの前に、質量を持つ書籍が早晩、駆逐される危機感を持ったとしても無理はなかった。

時流に乗ったブログ書評家は、「数年にして紙の本は一割ぐらいに激減するだろう」と、したり顔で予測したものだった。

ところが、その予測の余韻が残る四年後、二〇一四（平成二十六）年一月三十日の朝日新聞三面に、「電子書籍 消える著者――企業撤退で読めなくなる例も」の大見出しで、次の通りに報じていたのである。

「せっかく買い集めた蔵書が消える――。電子書籍の世界で、紙の本ではありえない事態が起こり始めた。電子書籍は、買っても『自分の物』にならない契約が多く、企業の撤退などで読めなくなるケースがあるからだ。電子書店は乱立状態で、『撤退は今後も続く』（出版関係者）可能性がある」

つまり、電子の本は、ネット書店に代金を払うと読むことはできたが、それは条件付きのレンタル状態で、紙の本のように「自分の本」ではなかったのだ。

電子書籍元年と喧伝され、わずか千日足らずでネットで買った本が読めなくなる現実は、購読者の理解には遠く、バラ色の夢は脆くも消えた感があった。

出版界を覆うこのような激動の予兆を前に、二十一世紀に入ってからのベストセラー、話題の本を追ってみると、緩慢ではあるが既成の出版常識が通じなくなっていることが読める。

『ハリー・ポッター』――現代の聖書か？

二十一世紀の劈頭《へきとう》を飾ったのはJ・K・ローリングの『ハリー・ポッター・シリーズ』だった。イギリスでシリーズ第一巻の『ハリー・ポッターと賢者の石』が発売されたのは一九九七年だった。

同書は、一年前に大手出版社から「児童書としては長すぎる！」と門前払いをされたもので、中小出版社のブルームズベリー社から、初版の印税二千ポンド（約四十万円）で、辛うじて出版された。

七部に及ぶ長編小説だった。ロンドン郊外の街角に、昼間からフクロウが飛び交い、白髪の奇妙な老人がこつ然と現れる情景から、物語は始まっていた。

主人公は、ハリー・ポッターという魔法使いの少年。この少年が邪悪な魔法使いと戦う、スリルとサスペンスを縦糸に、ハリーを助ける親友ロンとハーマイオニーとの友情を横糸に、自在に織りなされた壮大なSFファンタジーであった。

日本でこの作品の翻訳出版権を取ったのは、極小出版社の静山社だった。地方の民衆史や、難病患者の闘病手記などを出版している地味な社で、松岡幸雄が社長、妻の祐子が同時通訳と翻訳で、夫の赤字会社を支えていた。

一九九七（平成七）年、夫を肺がんで喪った祐子は、深い悲しみを癒すために、英国ロンドンの旧友を訪ねた折、『ハリー・ポッターと賢者の石』を読むように薦められた。

語学に堪能な祐子は、ぶ厚い原書を一晩で読み終え、身がふるえるほど感動し、直ちにエージェンシーに連絡をつけて、日本での出版権を交渉した。

語学が堪能だったこと、独断が許される社長の立場、業界に横行する「翻訳ものの児童書は売れない」といった〝出版常識〟を頭から無視し、自らが読んで感動したそのインプレッションを頼りに、猪突猛進したのである。

その結果が、世界的な大ベストセラーになり、刊行三年後に四十数カ国語に翻訳され、二百国以上で読まれる大化けの本の出版が可能になった。

『ハリー・ポッターと賢者の石』を第一巻に、『秘宝の部屋』『アズカバンの囚人』『炎のゴブレット』『不死鳥の騎士団』『謎のプリンス』『死の秘宝』の七部作を刊行するが、日本語訳だけで、延べ部数二千数百万部も売れたのは、この物語が〝現代の聖書〟だったからだと、宗教学者・

島田裕巳は分析している。

その意味は、この長大な物語には、現代の社会に存在する混沌と混乱があり、読者は主人公のハリー・ポッターを読み進める中で、「いったい何が正しくて、何が善なのか。逆に、何が間違っていて、何が悪なのか」を、主人公とともに考えなければならないからだと、述べていた。

つまり読者は、『ハリー・ポッター』を読むことで、ハリーがいかなる困難に直面しても、そこに踏みとどまり、挫けることなく戦う姿に共感し、精神が鍛えられていくとの深い読みを教示したのである。

『バカの壁』で世界が読める

浪花節の広澤虎造の名台詞に「バカは死ななきゃ直らない！」があった。

その「バカ」をタイトルに使った、解剖学者、養老孟司の『バカの壁』が、ベストセラーの一位に躍り出たのは、二〇〇五（平成十五）年だった。

この年の四月に創刊された新潮新書十点の中の一冊で、帯の惹句に「『話せばわかる』なん

て大ウソ！」と謳われていた。

日本人の常識の一つに「話せばわかる」があった。五・一五事件で、白昼に首相官邸で海軍急進派将校に射殺された犬養毅の最後の言葉が、まさにこれだった。

老宰相は、主義主張を異にする血気逸《はや》った少壮軍人に、膝を交えて話し合えば意を通じるものと、説得をこころみたが、「問答無用！」の一声で、生命を絶たれたのである。

養老孟司は、こうした話してもわからない、通じない理由を、人間は自分が知りたくないことについては、自主的に情報を遮断してしまうからと説明し、その情報遮断に「バカの壁」の造語を当てたのである。

そして、知りたくないことに耳を貸さない人間、軍団、国家と、その方法をそのまま広げていった先に、戦争、テロ、民族間・宗教間の紛争問題などがあり、いまのイスラム原理主義者とアメリカの対立というのも、規模こそ大きいものの、まったく同じ延長線上にあると説いたのである。

この視点で四囲を眺めると、私たちの周りには、さまざまな「壁」が立ちはだかっていることが見えてくるのだった。加えて、その幾重もの「バカの壁」を知ることで、世界が読めてくるはずだし、生きていく上で突き当たるさまざまな問題にも、多様な角度から対応し、考えなくてはいけないことがわかってくるわけだった。

難しい解剖学者の『バカの壁』は、初版三万部からスタートし、話題に煽られて一年間で三百四十七万部という新書最多記録、一年間にわたり連続一位の記録をつくった。

大化けした秘密は、多忙な養老孟司の話を都合五回、延べ十時間聞いて、〝新しい言文一致本〟にまとめた、同社編集部の後藤裕二の筆力にあった。休刊した「FOCUS」編集部に所属していて、写真に添える九百字前後の捻《ひね》った文章の書き手として定評のある人物だった。

その書き手が、養老の独創性に充ちた難しい話を聞き、見事な〝言文一致〟の文体にまとめた結果が、新書分野の売り上げ記録となったのである。

『世界の中心で愛をさけぶ』――セカチュウ度の効力

『ハリー・ポッター』大ブームの陰で、存在感を示した書籍に『世界の中心で愛をさけぶ』（小学館刊）があった。国内小説のベストセラー新記録を作った片山恭一の純愛小説で、初刊八千部からスタートして、年余にして三百六万部に駆け上がった大当たり小説だった。

それまでの日本人作家のベストセラー記録は、次の通りだった。

村上　春樹　『ノルウェイの森』　上巻二百三十八万部（講談社刊）
吉本ばなな　『TUGUMI』　百七十二万部（中央公論新社刊）
浅田　次郎　『鉄道員《ぽっぽや》』　百五十五万部（集英社刊）
渡辺　淳一　『失楽園』　上巻百四十一万部（講談社刊）

片山恭一の『世界の中心で愛をさけぶ』は、これらの記録を一気に破ったことになる。

ストーリーは、中学同級生のアキと朔太郎の淡い恋が次第に深まっていくなかで、アキに不治の白血病が発見され、二人の運命は一転、涙なくしては読めない悲恋小説となっていた。

この作品を「泣きながら一気に読みました」と感想を寄せたのが、女優の柴咲コウだった。「泣ける」「涙」は、ベストセラーに不可欠の要素の一つだった。

　書店には、直ちに手書きの「心から泣けます」のPOPが張り出され、版元がその手作り感覚、口コミを巧みに宣伝に活かしたことから、八千部からスタートして、一年後、一万二千部程度だったものが、一気に売れはじめたのである。

　二〇〇三（平成十五）年四月に十万部、六月には三十六万部、十一月には百万部突破、翌〇四年もすごい勢いで売れつづき、「セカチュウ度」という〝涙度〟が「日経エンタテインメント」誌によって創出された。

　それによると、読者を涙に誘う度数は、次のような条件となっていた。

一、テーマは若い男女の純愛。
二、純愛の障害になるものが、女性側の難病（昔は結核、現在は白血病、ガン、精神病など）
三、構成は女性が亡くなった後の男の回想型
四、小道具となるものは、日記、手紙、テープなど。
五、結果は女性が必ず亡くなる。

小説《フィクション》で、この条件を満たすストーリーを編み上げる

ことは容易だった。ただし、純愛の描き方、女性の亡くなった後の男の回想に、作家の筆力が問われた。

『世界の中心で…』の作者・片山恭一は、一九八六（昭和六十一）年、九州大学農学部在学中に『気配』で文学界新人賞を受賞。その十年後、初めての本『きみの知らないところで世界は動く』（新潮社刊）を出版した晩生《おくて》な作家だった。

その純文学系作家が一転、ふだん小説を読まない若い世代に届く純愛小説を書いたのだった。元の題名は『恋するソクラテス』の、およそベストセラーには馴染まないタイトル。小学館の担当編集者・石川和男は、ＳＦ作家ハーラン・エリスンの『世界の中心で愛を叫んだもの』（早川文庫）にあやかり、『世界の中心で愛をさけぶ』に改題した。

ベストセラーの三大要素、タイトル・テーマ・タイミングが、ここにととのったのである。

『Deep Love』――ケータイセラー本登場

スターツ出版という読者子に馴染みが薄い版元から『Deep Love 第一部アユの物語』（yoshi著）が刊行され、ベストセラー上位に登場したのは、二〇〇三（平成十五）年からである。以降、同社から『もっと、生きたい』（yoshi）、『恋バナ』（同）、『恋空（上・下）』（美嘉）と、三年つづきで、携帯メール配信の小説がベストセラーに駆け上がっていった。

『Deep Love』は四部作で、百六十万部の大ケータイセラーになったが、主流読者は女子高校生だった。

ちなみに、携帯のメールに表示できる文字は二百字程度だった。この文字数でストーリー展開をしなくてはならないから、難しい表現や漢字は使えず、登場人物も数人程度で、話は単純、短いインパクトのあるフレーズが、次々に繰り出される流れになった。

『Deep Love』の導入部を引き写すと、次の通りだった。

「あっ……もう一時間は舐め続けている。

ハゲあがった頭を小刻みに揺らして、クチュクチュ音を立てながら、オヤジがうれしそうに言った。

『オイしいね、アユちゃんのは』

アユは十七歳の女子高生。みんなからカワイイと言われている。

一回五万円…文句を言うオヤジはいない。

ん!……のどの奥まで、どろっとしたのが流れてきた。」


小説の主人公アユは、社会に背を向け援助交際にカラダを売る女子高校生だが、その彼女のすべてを受け入れてくれるおばあちゃんと、捨て犬との出会いを通して知り合い、愛の深さと命の尊さに目覚めることになった。

アユは、偶然知り合った心臓病の少年を助けようと、身をひさいで尽くすが、最後はエイズで死んでいく…。

『Deep Love』は、ケータイメールをそのまま、紙の本に置き換えた体裁だったから、左開きの横書きという本になっていた。

スターツ出版は、著者のyoshiに送られた十万通の読者の感想メールに感嘆し、出版したわけだったが、日頃小説を読まない女子高生に購読してもらう手段として、初版五万部のうち二万部をコンビニエンスストアに目立つように置き、そこで売り切れたら本屋に行って注文してもらう形をとった。

つまり、コンビニから書店へ、さらに雑誌売り場から書籍売り場へと誘導させることで、彼女たちに生まれてはじめて、読書の楽しみを体験させ、その口コミにより、一年そこそこで四部作を、延べ百六十万部の大ベストセラーにしたのだった。

このケータイセラーには余談があった。

それは、援助交際で手軽に五万円、十万円を稼いでいた少女たちが、この小説を読んで心から反省し、数千人が援交から足を洗ったというのである。

『電車男』──「2ちゃんねる」が作った小説

〝活字人間〟と、〝IT人間〟が、截然《せつぜん》と分けられる世になったのは、世紀の変わり目あたりだったか。

電車の中で、文庫なりコミック、新聞を読む人は激減し、ほとんどの若者は携帯電話でメールの交換をするか、ディスプレイの情報を読む、あるいはゲームに夢中になる日々になった。

中野独人《ひとり》の『電車男』がベストセラー上位に躍り出たのは、二〇〇五（平成十七）年である。出版元は、一八九六（明治二十九）年に創業した文芸出版の老舗・新潮社だった。

週刊社系最初の週刊誌「週刊新潮」、写真週刊誌「FOCUS」を創刊しているチャレンジ精神旺盛な版元にして、可能な出版と考えられた。

それは、『電車男』が、日本最大のインターネット匿名掲示板、「2ちゃんねる」の「書き込み」を単行本化したものだったからだ。

物語は、おタク青年の権化《ごんげ》のような若者が、電車の中で酔っ払いにからまれている女性を救う場面からスタートしていた。

救われた女性は、お礼にティーカップを若者に届けるが、女の子との付き合いをしたことがない草食系男子には、どうしたらいいのか、対応がわからない。

若者は、「2ちゃんねる」の匿名掲示板に、恥をしのんで救いを求めたところ、モテない男たちが集うインターネットのサイトから、次々にアドバイスが寄せられはじめたのだ。

「電車男」と呼ばれることになった若者と、エルメスと名付けられた女性は、匿名仲間が寄せる熱いはげましや、アドバイスの追い風に押されて、距離を一歩一歩縮め、二カ月後にはプロポーズへと漕ぎつけるまでになった。

『電車男』は、「2ちゃんねる」に寄せられた膨大なその書き込みを、彼らに通じる記号から絵文字までを含めて、ネットの体裁そのままに、三百数十ページに収録した匿名集合者作品だったのだ。

ネットを、そっくり再現した本づくりだったから、縦組みの作者が実在する小説を読んできた読者には、まったく理解に遠い作品だった。

同書の帯には「出版前から話題騒然、各紙誌絶賛。百万人を感動させた今世紀最強の純愛物語、誕生!」と書かれていた。

当時、『だれが、「本」を殺すのか』で、本の危機を訴え、波に乗っていた佐野眞一は、

「僕の周りで読んだ人は一人もいない。いったい、誰が読んでいるんだろう」

と疑問を投げかけたあとで、

「……売れる本・ベストセラーになるというのは、本を今まで読まなかった人を相手にすることだという時代が、確実に来てしまった」

と、慨嘆していた。

ケータイで読まれて、その反響の大きさから単行本化されたり、「2ちゃんねる」というネットの力を借りないと、若者が本に近づかなくなった時代になったのは確かだった。

一抹の光は……

電子書籍が、紙の出版物にとって代わる——という説は、いまのところ現実とはなっていない。が、その流れが足元にひたひたと迫っていることは、明らかである。

二〇一五年の書籍と雑誌の販売額にそれは顕著で、前年より五・三%減の総売上げ額一兆五千二百二十億円となっていた。

その内訳は、書籍が一・七％減の七千四百十九億円、雑誌が八・四％減の七千八百一億円となっていた。

一九五〇（昭和二十五）年に統計開始以来最大となる落ち込みで、逆に電子出版市場は前年に比べ、三十一・三％増の千五百二億円であった。

紙の出版物と電子出版を加えても、一兆六千七百二十二億円程度の売上げ額は、最盛期の一九九六（平成八）年の二兆六千五百六十三億円の六十％台を、かろうじて保っているにすぎないことになる。

この激しい落ち込みの要因の一つは、少子化に加えて、スマートフォンの普及で情報への接し方や、時間の使い方が変わり、読書離れに歯止めがかからなくなった……と、考えられる。

読書欲がいちばん旺盛であるはずの大学生が、月に一冊の本も読まないケースは、めずしくはなくなって久しいし、東西古典の宝庫であった岩波文庫を「ガンパ文庫」と読んで恥じない輩《やから》が、スマホ片手に学園を闊歩している姿が、当然の世になっているのである。

「出版」というプラットフォームから、社会を透視するかぎり、前途は閉ざされた感が強い。その中にあって、目下一抹の光は、例年のように噂される村上春樹のノーベル文学賞の受賞であろう。

犀利な評論家・内田樹は、この数年、毎年のようにある新聞社から「村上春樹ノーベル文学賞受賞お祝い原稿」を書かされているという。彼は次のように語っている。

「……これまでに五回書いております。でも残念ながら、まだ一度も紙面に載ったことはありません。ああいうのは決まってから頼んだのじゃ遅いので、予定稿をあらかじめ用意しておくんです」

『風の歌を聴け』で、新しい日本語の文体――村上春樹独自の文体を開発した作家は、以降、『1973年のピンボール』『羊をめぐる冒険』『ノルウェイの森』と、新鉱脈を掘りすすめ、二〇〇九（平成二十一）年には、社会現象となった『1Q84』を、日本といわず世界に問うたのである。

村上春樹が「余分な修飾を排した『ニュートラルな』、動きの良い文体」。いわゆる『小説言語』『純文学体制』みたいなものからできるだけ遠ざかったところにある日本語を用いて、自分自身のナチュラルなヴォイスで小説を『語る』という姿勢が、海外から受け容れられはじめたことだった。

そして、一作ごとに、各国で翻訳され、読まれて、ノーベル文学賞の至近距離に立った日本人作家との評価をつかんだのである。

逼塞した日本出版界に、風穴をあけるアクティブな動きが現実化される日が来るのか。待たれるところである。

（本文中敬称略）

あとがき

波瀾万丈・二十世紀の百年を、時代の空気をストレートに伝える雑誌、話題になった本から、べっ見する企てであった。

与謝野晶子の『みだれ髪』から、文豪・夏目漱石の『こころ』、谷崎潤一郎の『痴人の愛』、火野葦平の『麦と兵隊』……。

敗戦で一転、『日米會話手帳』に始まって、石原慎太郎の『太陽の季節』、謝国権『性生活の知恵』、有吉佐和子の『恍惚の人』、村上龍の『限りなく透明に近いブルー』を経て、黒柳徹子の『窓ぎわのトットちゃん』、俵万智の『サラダ記念日』、永六輔の『大往生』、渡辺淳一の『失楽園』、そして乙武洋匡の『五体不満足』へと至る各時世、時代をさらった当たり本や、鏡の役割をはたした観の雑誌からのぞいてみると、この世紀は歴史的な出来ごとや、運命的な出会いが実に多かったことに驚かざるをえない。

時代の風潮、志向を伝える感情的な器――雑誌の誌名を調べてみると、時の流れは表記にさらにむきだしに見ることができる。

試みに数誌並べてみるだけで、年代を読むことができるのである。

東洋の覇権をもくろみ始めた二十世紀当初、こんな雑誌が創刊されていた。

「日本」「太陽」「帝国文学」「東洋経済新報」「軍事界」「軍国画報」。

十数年経って、民本主義や唯物史観が台頭し始めると、「解放」「改造」「我等」「種蒔く人」「新青年」など、革命が明日にも起こそうな誌名が目立った。

それが、一九二〇年代後半に入り、世界恐慌の煽りを受け、前途が閉ざされた感に陥るや「グロテスク」「エロ」「犯罪科学」「猟奇」といった刹那的な雑誌が続々と創刊され、十五年戦争に入るや、「東亜開放」「大洋」「戦争文化」「興亜時代」「武道日本」「啓国精神」といった無骨な誌名のオンパレードになった。

ところが米英大国と戦火を交えるや、既刊誌のヨコ文字誌は改題させられ、「キング」が「富士」、「オール読物」が「文芸読物」、「スタイル」が「女性生活」、「エコノミスト」が「経済毎日」となり、あろうことか「欧文社」が「旺文社」へと社名変更を強いられた。

敗戦後は、「新生」を皮切りに、「展望」「世界」「潮流」「解放」「革新」「前進」「自由」と、新生ニッポンを象徴する雑誌が、続々と創刊された。

その一方、大衆娯楽誌、女性誌の読者は、「ロマンス」「ラッキー」「りべらる」「モダン日本」

「サロン」「東京」「ホープ」「女性ライフ」「オール女性」とヨコ文字が大手を振って登場した。戦後の混乱、無節操さをストレートに示したのが、けばけばしい表紙と俗悪な誌名のカストリ雑誌群だった。三合飲めばぶっ倒れる密造酒のカストリと、三号で潰れる粗悪誌の運命を結びつけた類《たぐ》いの「赤と黒」「猟奇」「性文化」「アベック」「奇譚クラブ」「人間探究」「夫婦の生態」「夫婦の性典」などである。

鱒書房から大宅壮一の指導の下に創刊されて、性風俗を巧みに扱って一時代を画した「夫婦生活」を例にとると、この〝夫婦〟にあやかった水泡《うたかた》雑誌は、ざっと数えて二十数誌に上るありさまだった。

一九六〇年代になると、カタカナ表記が顕著になり、「マドモアゼル」「ミセス」「マダム」「ヤングレディ」等の外国語表記がばっこし、七〇年代に入るや、アルファベットを綴るボーダレス誌の続出となった。

水先案内人をつとめたのは、「an-an」と「non-no」——若い女性たちの風俗トレンドを左右する「アンノン族」誌の出現だった。

世紀末に入ると、誌名は横文字時代に入り、年間二百誌前後が創刊される新雑誌に、日本語は数えるほどになった。フランス語、英語、スペイン語、ペルシャ語、果ては梵語、造語、合成語、逆話の混沌たる状況に陥ったのである。

読者層の教養や知識におかまいなく、外来語、感覚的な造語を記名に使うようになったのは、日本語のこれはと思われる表記が、近代出版の夜明けから今日までの百年間に、ことごとく商標登録されていることと、その字面や音のひびきが、新人類と呼ばれる読者層に、「ダサイ」と受け容れられなくなったからだった。

その点、外来語、造語のロゴタイプ、デザイン、発表したときのひびきは垢抜けた感じで、時代のトレンドにかなっていたのである。

このように、時代を彩る感情的な器の雑誌名を並列しただけで、二十世紀が、刷新、変化、変貌、変転のただならぬ時代だったかがわかる。

出版の不振が久しいとき、拙著の刊行に勇断をし、上梓を快諾していただいた展望社の唐澤明義氏と、二年間にわたる「朝日クロニクル20世紀」連載中にお世話になった、当時朝日新聞出版局の長沼石根氏に厚くお礼を申し上げたい。

二〇一六年　陽春

塩澤　実信

塩澤《しおざわ》 実信《みのぶ》

長野県生まれ。日本ペンクラブ名誉会員、日本出版学会会員。東京大学新聞研究所講師、日本ジャーナリスト専門学校講師、日本レコード大賞審査員などを歴任。

著書に『出版社の運命を決めた一冊の本』（流動出版）『雑誌をつくった編集者たち』（廣松書店）『昭和ベストセラー世相史』（第三文明社）『出版その世界』（恒文社）『動物と話せる男』（第36回青少年読書感想文全国コンクール課題図書・中学生必読書・理論社）『古田晁伝説』（河出書房新社）『昭和歌謡100名曲 1～5』（北辰堂出版）『出版社大全』『倶楽部雑誌探究』『戦後出版史』（以上論創社）『本は死なず』『定本ベストセラー昭和史』『活字の奔流』『文藝春秋編集長』『ベストセラーの風景』『昭和の流行歌物語』『昭和の戦時歌謡物語』『昭和のヒット歌謡物語』『昭和の名編集長物語』『人間力 話の屑籠』（以上展望社）ほか多数。

世紀を吹き抜けた〝ページの風〟
――明治 大正 昭和 平成 話題の本一〇五

二〇一六年七月一五日 初版第一刷発行

著　者――塩澤実信
発行者――唐澤明義
発行所――株式会社 展望社
郵便番号一一二―〇〇〇二
東京都文京区小石川三―一―七
　エコービル二〇二
電　話――〇三―三八一四―一九九七
FAX――〇三―三八一四―三〇六三
振　替――〇〇一八〇―三―三九六二四八
展望社ホームページ http://tembo-books.jp/
印刷・製本――上毛印刷株式会社

ISBN978-4-88546-315-0

塩澤実信の昭和歌謡シリーズ

昭和の流行歌物語

――佐藤千夜子から笠置シヅ子、美空ひばりへ――

四六判並製　本体価格１９００円

昭和の戦時歌謡物語

――日本人はこれをうたいながら戦争に行った――

四六判並製　本体価格２０００円

昭和のヒット歌謡物語

――時代を彩った作詞家・作曲家たち――

四六判並製　本体価格１５００円

（価格は税別）

展望社のロングセラー

歌は思い出をつれてくる
昭和を生きたすべての人に捧げる「こころの歌」の物語。
塩澤実信 著
四六判上製　本体価格1800円

平成の大横綱「貴乃花」伝説　花田家三代血の証明
昭和六十三年春場所から十五年、大相撲人気を盛り上げてきた名力士。
塩澤実信 著
四六判上製　本体価格1400円

自伝・わが心の歌
昭和のこころ、日本のこころ。古賀メロディーはいつまでも。
古賀政男 著
四六判上製　本体価格1600円

きょうも涙の日が落ちる
自らを語ることのなかった著者が、わずかに残した名エッセイと絶妙対談。
渥美清 著
四六判上製　本体価格1600円

名セリフの力　これで日本語の達人になる
七十六の名セリフを題材に、日本語の魅力を、毒を、鋭さを、優しさを、小粋さを綴る。
葛西聖司 著
四六判並製　本体価格1429円

ことばの切っ先　出会う人、出会うセリフ
芝居や音楽から響いてくる粋な〝ことば〟の数々。人気アナウンサー葛西聖司の名調子で現代によみがえる。
葛西聖司 著
四六判並製　本体価格1800円

（価格は税別）

外山滋比古の好評既刊

三河《みかわ》の風《かぜ》

薩長の維新勢力から吹く風は、戦争だった。十年おきに戦争を起こし、ついに国を亡ぼした。徳川発祥の地〝朝敵〟三河からはあたたかい平和の風が吹いている。

四六判並製　本体価格1500円

外山滋比古「少年記」

八十歳を迎えて記す懐かしくもほろ苦い少年のころの思い出のかずかず。

四六判上製　本体1500円

文章力　かくチカラ

外山先生が自らの文章修業で学んだこと四十章。

四六判上製　本体1500円

コンポジット氏四十年

四十年前に突如、登場した謎の人物。根本実当、コンポジットと読みます。

四六判上製　本体1800円

老楽力（おいらくりょく）

八十二歳になった根本実当はいかに老齢に立ち向かい、いかに老を楽しんでいるか。

四六判並製　本体1400円

裏窓の風景

考えごとも仕事もしばし忘れて、窓の外に眼を向けてあたまを休めよう。

四六判上製　本体1400円

茶ばなし

散歩、思索、読書、執筆、その日常から生まれた掌篇エッセイ一五〇篇

四六変型上製　本体1500円

（価格は税別）